Raspberry Pi

Guía paso a paso para principiantes de
Raspberry Pi
(Hardware y Software Raspberry Pi)

Gabriel Grey

Tabla de Contenidos

Introducción

Felicidades por descargar Raspberry Pi y gracias por haberlo hecho.

En los siguientes capítulos vamos a hablar acerca del Raspberry Pi. El Raspberry Pi es bastante popular. Sin embargo, ¿A qué se debe esto? ¿Por qué tanto alboroto? Muchas personas están interesadas en este pequeño y sorprendente microcomputador y en todas las cosas que puede hacer. Este libro se va a enfocar en las razones por las que las personas están enamoradas del Raspberry Pi y en sus distintas capacidades. También vamos a aprender a programar en Python y aprenderemos muchas de las aplicaciones que tiene el Raspberry Pi.

Hay muchos libros acerca del tema en el mercado, ¡Así que te agradecemos mucho una vez más por haber elegido este! Hicimos todo lo posible para asegurarnos de que tenga la información más útil posible. ¡Disfrútalo!

Capítulo 1: ¿Qué es Raspberry Pi?

Definición de Raspberry Pi

Bueno, sin duda estás interesado en Raspberry Pi. Quizás tengas algunas preguntas tales como: ¿Qué es el Raspberry Pi y por qué es tan popular? Bueno, vamos a empezar con lo básico.

El Raspberry Pi es un microcomputador en su concepto más puro. Fue desarrollado origianlmente para la venta en países en desarrollo como una computadora extremadamente barata y fácil de usar que podría usarse para enseñar los fundamentos de la arquitectura computacional y de la programación. Sin embargo, terminó yendo más allá de su mercado y antes de que el mundo lo supiera, el Raspberry Pi se convirtió en el objeto predilecto de la mayoría de los inventores.

Hay muchas cosas que hacen que el Raspberry Pi sea genial. Tiene miles de usos, de los cuales discutiremos algunos en los próximos capítulos. Además, hay muchas variaciones que lo hacen accesible para cualquiera y para cualquier proyecto sin importar lo que esa persona haga.

El Pi es fácil de usar. No viene con un teclado, mouse o algo por el estilo. De hecho, el cliente solamente recibe una tarjeta madre con varias partes de computadora. Esto es parte del atractivo ya que significa que el Raspberry Pi es un lienzo en blanco con el que puedes sacar tu creatividad.

Muchos aficionados eligen el Raspberry Pi porque es genial y fácil de usar. Es el instrumento perfecto para que un inventor haga realidad sus sueños más ambiciosos.

A pesar de que el hardware es relativamente poco atractivo, esto es lo que podrías esperar dado lo barato, portable y pequeño que es. Por lo tanto, el hardware es bastante impresionante si conoces lo que compraste.

Existen varias iteraciones del Pi. Personalmente te recomiendo comprar la versión más reciente que cuesta $35. Usar versiones más viejas implica usar hardware inferior puesto que el hardware se ha mejorado en cada versión. Hay algunos beneficios de las otras versiones, tales como ser un poco más pequeñas lo que favorece proyectos de menor escala. Sin embargo, para los proyectos regulares, deberías optar por la versión de $35.

El Raspberry Pi tiene mucha funcionalidad por lo que es. Puedes usarlo como una computadora normal, aunque bastante potente. Puedes conectarle tu teclado y tu ratón y conectarlo a un monitor y tener un ambiente de escritorio. De hecho, ¡eso es lo que haremos más adelante en este libro! Eso es bastante para un microcomputador tan pequeño.

En el próximo capítulo vamos a hablar acerca de las cosas increíbles que puedes hacer con el Raspberry Pi. También veremos lo que otras personas han hecho con él. Esto te dará una idea clara de lo que puede hacer esta pequeña central eléctrica.

Pero si al final de este capítulo todavía te preguntas qué es el Raspberry Pi, la mejor respuesta es que es el paraíso de un inventor. Puedes hacer tantas cosas con él que hasta parece una locura.

Esto se debe en parte a que hay mucho apoyo para distintas soluciones de Hardware en el Pi que te pueden permitir hacer muchas cosas que generalmente no serías capaz de hacer. Ahondaremos en más detalles en el próximo capítulo, cuando hablemos acercad e cómo se ha usado y cómo puede usarse.

Los usos del Raspberry Pi

Los Raspberry Pi tienen una multitud de usos, algunos de los cuales son más obvios que otros. Puesto que ofrecen mucho en términos de compatibilidad de hardware respecto a su pequeño tamaño, se han vuelto el favorito de los inventores. Esto los hace candidatos propicios para los proyectos que involucran robótica compleja. Sin embargo, también sirven para otros proyectos.

Plataformas de Juego

Quizás lo primero que hizo que los aficionados se fijaran el Raspberry Pi fueron los videojuegos. A muchas personas les gustan los videojuegos, y el Raspberr Pi es lo suficientemente barato y potente para crear un emulador dedicado lleno de juegos. Las versiones más poderosas del Raspberry Pi pueden emular juegos de Nintendo 64, lo cual es impresionante para una computadora tan barata y pequeña.

A pesar de que los juegos que demandan más recursos llevan su capacidad al límite, es perfecto para jugar muchos clásicos. Los juegos de NES y SNES, así como también los juegos de otras consolas tales como Sega Genesis, el Amiga y muchas otras más. La primera aplicación para la que los aficionados usaron el Raspberry Pi fue como una consola de videojuegos.

Una implementación popular para el Raspberri Pi fue como una consola portable de juegos. Se lo implementó como un Super Nintendo o un NES portátil. Si conectas una pantalla LCD o LED al Raspberry Pi y añades algunos botones, puedes crear una plataforma portátil de juegos bastante genial con batería recargable. Ya no son tan populares, en gran parte debido a que la duración de la batería no era tan buena y no había mucha novedad, pero sigue siendo un buen proyecto para realizar.

Hablando de videojuegos, muchas personas usan el Raspberry Pi como un emulador MAME. Los emuladores MAME son emuladores creados para emular juegos arcade tales como los que verías en un arcade clásico. A muchas personas les gusta crear verdaderas máquinas arcade, usando chatarra y el Raspberry Pi como su tecnología central. Le colocan botones de arcade y cosas por el estilo y los usan para controlar el emulador por medio de algún código o colocación. Algunas máquinas verdaderamente geniales han sido creadas siguiendo este paradigma.

Espejo Mágico

Creo que mi aplicación favorita del Raspberry Pi sería la del Espejo Mágico. El Espejo Mágico es justo lo que suena que es: es un espejo con una pantalla digital como los que ves en los antiguos programas de ciencia ficción. Toda la información que necesitas está en la punta de tus dedos y algunas personas los han programado con reconocimiento de voz para manejarlos con su voz. Mediante el uso de detectores o sensores de luz, el espejo puede ser capaz de detectar si estás cerca y encenderse automáticamente, o permanecer encendido. No requiere de mucha energía- es igual que tener conectada un reloj de alarma.

Voy a pasar un rato hablando de esto debido a que pienso que es bastante ingenioso y divertido. El espejo mágico es una de mis aplicaciones favoritas para el Raspberry Pi por la cantidad de creatividad e ingenio que requiere. Es barato de hacer (en términos comparativos), y realmente puedes volverlo una máquina- sin mencionar que no hay otra cosa igual. Los espejos mágicos no se venden en masa. ¡Serás una de las pocas personas que tienen uno y que además ha sido hecho por ti mismo!

Bueno, vamos a hablar un poco más del espejo mágico. Lo que sucede es que hay un marco. Tras el marco hay un monitor de computadora y tras dicho monitor se encuentra el Raspberry Pi. En frente del monitor (o TV, pero usualmente se trata de un monitor) hay un espejo de una cara. ¿Has visto los espejos que usan en los interrogatorios policiales en los programas de crímenes?
¡Es exactamente igual!

Debido al modo en que el espejo refleja la luz, cualquier sombra tras el espejo no se podrá ver. Sin embargo, cualquier cosa brillante que se ponga delante de él brillará. Como he dicho, es una implementación ingeniosa que realmente no tiene mucho crédito. El Raspberry Pi se configurará automáticamente para correr en un navegador Chromium a pantalla completa con una página web personalizada. En otros casos, la página web simplemente se abre en un navegador Webkit modificado que llena toda la pantalla, al igual que Chrome OS. De cualquier modo, el Raspberry Pi inicia de este modo y a partir de acá podemos desarrollar una idea de cómo funcionan las cosas en general. La página de inicio tiene un fondo negro con texto blanco e imágenes, y generalmente tiene algún código JavaScript para hacerlo personalizable. Sea como sea, la persona termina con un espejo bastante bonito. El espejo muestra cosas como mensajes de "Buenos días" o "Buenas tardes", e inclusive algunos están programados para dar un mensaje distinto cada día. Algunos muestran cosas del día tales como el clima o las últimas noticias, y muchas otras cosas. Es una idea verdaderamente estupenda, y el hecho de que se haya sido implementada indica que el futuro, de un modo u otro, ya está aquí.

Raspberry Pi también ha sido usado en varios proyectos de robótica debido a que es bastante económico y relativamente potente. A pesar de no es tan bueno para la robótica como el Arduino que soporta cosas como motores, resistencias ,etc, el Raspberry Pi aborda los proyectos sesudos con una facilidad que otros dispositivos pudieran no tener. Como resultado, el Raspberry Pi ha tomado algunos de los proyectos más complicados de robótica o inteligencia artificial que los inventores han querido realizar, entre otras ideas parecidas.

Otros Usos

Algunas personas se ponen bastante creativas con el Raspberry Pi y lo usan como el núcleo de su centro multimedia. El Pi es genial debido a que tiene un perfil bajo y tiene la capacidad de guardar grandes cantidades de información a pesar de su pequeño tamaño gracias a sus ranuras MicroSD. Además de eso, su conectividad a internet también le permite integrarse sin problemas con servicios tales como Spotify y Netflix. Debido a esto, muchas personas tales como los cinéfilos y audiófilos usan el Raspberry Pi como un medio para dirigir su home theater. Algunas infraestructuras como Kodi tuvieron esto en cuenta y han llegado a jugar un gran papel en la comunidad del Raspberry Pi.

La capacidad Bluetooth del Raspberry Pi también hace que pueda usarse como un centro multimedia, un altavoz, entre otras aplicaciones. Muchas personas también se aprovechan de su compatibilidad Wi-Fi y eligen usarlo para compartir cosas en el hogar en vez de como centro multimedia. Hay proyectos de Raspberry Pi en los que se lo ha enlazado con el hub central de la conexión Wi-Fi y luego se usa para reproducir música en toda la casa, lo cual es un uso bastante ingenioso.

El Raspberry Pi también soporta muchos tipos de sensores, termostatos y otras cosas por el estilo. Esto implica que se puede usar para crear robots que puedan regar las plantas automáticamente al detectar que liberan una cantidad excesiva de dióxido de carbono, o inclusive para detectar automáticamente los nutrientes de los que más carece la planta y de los que más podría requerir.

Algunas personas optan por comprar varios Raspberry Pis y los usan para crear una torre de servidores. Estas torres de servidores consisten de Raspberry Pis interconectados en un hub central que recibe y distribuye el tráfico. Los amantes de las redes aman al Raspberry Pi por esta razón. Un uso más sencillo puede ser crear tu propio servidor de juegos dedicado usando un solo Raspberry Pi.

Del mismo modo, algunas personas compran varios Raspberry Pis para crear un rig para minar Bitcoin u otras criptomonedas. A pesar de que ha perdido bastante eficiencia para minar Bitcoin, especialmente debido a que ahora se requiere de un procesador extremadamente potente y una granja de GPUs para poder minarlo, se pueden minar criptomonedas nuevas fácilmente usando el Raspberry Pi, especialmente las criptomonedas memory-hard. A pesar de que hay mejores inversiones para crear una granja de minería (como comprar muchos GPUs por ejemplo), si tienes algunos Raspberry Pi de sobra que usaste en proyectos pasados, podría ser un modo genial de usarlos y de generar algo de dinero.

El Internet de Las Cosas

El concepto del Internet de las Cosas también se está volviendo popular. Este puede ser un tema bastante denso para hablar, así que voy a empezar desde su inicio y luego iré al punto en el que el Raspberry Pi es relevante. El Internet de las Cosas es la idea de interconectar varias cosas entre sí por medio de servicios tales como Internet o una Intranet. Algunas personas usan una definición más liberal que consiste en conectar dispositivos al Internet. Este último concepto no está errado pero no tiene todas las implicaciones del Internet de las Cosas.

Para explicarlo mejor, te voy a dar como ejemplo la idea de que tu alarma suenaa las 7, luego presionas el botón de postergar 3 veces y cuando finalmente te levantas y la apagas, se envíe una señal a tu cafetera y a tu TV para que tu cafetera caliente el café y la TV se encienda, y puedas ver las noticias de esa mañana con toda comodidad. Esta es la idea básica tras el Internet de las Cosas.

Entonces, ¿cómo encaja el Raspberry Pi en esta ecuación? Puedo decir que se explica por sí misma. El Rasbberry Pi es un medio genial para darle una interfaz a las cosas de la vida diaria. Si tienes conocimiento suficiente de ingeniería eléctrica, puedes soldar cosas, alterar relés y programar tus aparatos para que funcionen. Si no tienes ese conocimiento, igualmente tienes muchas oportunidades para crear todo desde cero, o puedes usar tu Raspberry Pi como un hub al que puedan conectarse todos los objetos dependientes de internet. Muchas personas han programado cosas como cafeteras o los robots que mencionamos para hacer cosas como regar las plantas automáticamente o detectar deficiencias de nutrientes. Este tipo de cosas te dan una idea clara de los posibles usos del Raspberry Pi en el contexto del Internet de las Cosas.

Mencioné previamente que el Raspberry Pi se usa cada vez más en la implementación de algún proyecto de robótica tal como los que son "sesudos" y están más enfocados en la inteligencia artificial. Un gran ejemplo de eso es el hecho de que algunas personas se han dedicado a la tarea de usar software de reconocimiento de voz de código abierto para tratar de crear sus propias versiones del Alexa de Amazon. Estos proyectos muestran la capacidad del Raspberry Pi de ser usado para distintas aplicaciones de inteligencia artificial.

Hablando del Alexa de Amazon, los proyectos de Raspberry Pi realmente interactúan con cosas como Alexa u otros asistentes de hogar para hacer realidad los comandos de voz del Raspbery Pi, además de muchas otras cosas. Hay tantos de estos proyectos que es difícil decirte por dónde empezar.

Al final hay una gran cantidad de usos para el Raspberry Pi. Hay muchos más de los que mencionamos aquí. El Raspberry Pi es un computador económico. Por lo tanto, cualquier cosa que puedas pensar en hacer con una computadora es algo que podrás hacer con él. Es una computadora potente por sí sola, así que no tengas miedo de poner a prueba los límites de lo que es posible con el Raspberry Pi. Te garantizo que no te decepcionarás.

Preguntas de Repaso

1. ¿Qué es el Raspberry Pi?

2. ¿Qué obtienes cuando compras un Raspberry Pi?

3. En general, ¿Qué versión del Raspberry Pi es la mejor para usar? ¿Por qué?

4. ¿Qué aplicaciones tiene el Raspberry Pi?

5. ¿Qué es el Internet de las Cosas?

6. A pesar de ser una computadora pequeña y de baja potencia, el Raspberry Pi es un dispositivo poderoso. ¿Por qué?

Capítulo 2: Configurando tu Raspberry Pi

En este capítulo vamos a decirte todo lo que tienes que hacer para configurar el Raspberry Pi. Esto incluye lo que necesitas para hacer que funcione, así que presta atención. ¡Es algo difícil al comienzo pero luego se empieza a volver fácil! Esta guía asume que estás trabajando con el Raspberry Pi Modelo 3 B, el modelo más reciente. Sin embargo, si estás trabajando con otro modelo, el proceso será bastante similar.

Antes que todo, a continuación te presentamos lo que se necesita para configurar tu Pi para que funcione como una computadora de escritorio:

- Monitor (obviamente)
- Teclado y ratón
- Tarjeta MicroSD
- Sistema Operativo

Elige un Sistema Operativo

¿Qué sistema operativo deberías usar en el Raspberry Pi? Hay muchas respuestas para esta pregunta. Muchas compañías han hecho versiones de sistemas operativos que pueden correr en el software del Raspberry Pi. Microsoft ha lanzado una versión de Windows que es capaz de correr en el hardware del Raspberry Pi. Entonces, con todo esto en mente, ¿Qué software deberías usar?

Personalmente te recomiendo que uses el sistema operativo Raspbian usando NOOBS. NOOBS es fácil de configurar, corre en Linux (esto lo explicaré más adelante), ¡y es totalmente gratis! Además, Raspbian fue desarrollado por el equipo que creó el Raspberry Pi, así que fue diseñado para el hardware, aunque hay otros sistemas operativos que pueden ser compatibles con el hardware. Esto permite que las cosas funcionen mejor.

Sin importar el sistema operativo que uses, NOOBS brindará apoyo y es un instalador excelente para el sistema operativo. A pesar de que te recomiendo instalar Raspbian, eres libre de decidir instalar el sistema operativo que más te convenga en tu Pi. Con eso dicho, vamos a hablar del proceso de configuración.

Instalación de NOOBS

Estas instrucciones solo sirven para configurar Raspbian. Si decides instalar otro sistema operativo, este libro no será de ayuda para ti. Sin embargo, puesto que la instalación es mediante NOOBS, el proceso debería ser el mismo para todos los sistemas operativos. Por lo tanto, no deberías tener problemas instalándolos. Con eso dicho, primero debemos instalar NOOBS.

1. Para instalar un sistema operativo en tu Raspberry Pi tendrás que coger tu tarjeta SD y colocarla en tu computadora.

2. Busca el SD Formatter 4.0. Descárgalo e instálalo. (El formato de Kindle no se lleva muy bien con los enlaces así que no te los puedo dar desafortunadamente.) Fue lanzado por una organización llamada SD Association, así que siempre y cuando lo descargues de su sitio web no debería haber problemas.

3. Instala el software e inicia el programa del SD Formatter. Selecciona tu tarjeta SD y luego formatéala tal como indica la configuración inicial

4. Descarga el instalador NOOBS. Puedes descargarlo colocando NOOBS en el cajón de búsquedas y luego le das clic al link de la organización Raspberry Pi.

5. Extrae los archivos en alguna carpeta, o en tu escritorio. Copia los archivos que fueron extraídos en tu tarjeta SD, y ya está.

6. Retira la tarjeta SD y colócala en la ranura para tarjetas SD de tu Raspberry Pi.

7. Conecta todo: el monitor por medio del puerto HDMI, tu teclado y tu ratón. Asegúrate de que tu monitor esté bien conectado.

Si todo va bien, deberías estar listo para usar el Raspberry Pi y empezar a desarrollar proyectos. Si usas un modelo reciente del Raspberry Pi, debería tener un WiFi integrado. Los modelos más viejos, sin embargo, tendrán que ser conectados a internet vía Ethernet o tendrás que conectarles un adaptador WiFi que sea compatible con el Raspberry Pi.

Sabrás que el Raspberry Pi está encendido cuando la luz indicadora parpadee. En este punto sabrás que todo va bien porque la luz está encendida y habrá imagen en tu monitor.

Instalación de Raspbian

Ahora que has instalado NOOBS podemos proceder a instalar Raspbian o el sistema operativo de tu elección. De nuevo, este libro solo habla de Raspbian pero el proceso de instalación del sistema operativo es el mismo para todos los sistemas operativos que puedes usar en el Raspberry Pi.

1. Una vez que el sistema operativo cargue, asegúrate de seleccionar Raspbian en la pantalla principal. Este es el sistema operativo más recomendado en la comunidad, especialmente para los nuevos.

2. Haz clic en siguiente y luego haz clic en Sí para confirmar que vas a sobreescribir tu tarjeta SD.

3. Espera un momento y luego tu sistema operativo estará instalado. Es un proceso extremadamente sencillo tal como dije.

4. Una vez que todo el proceso termine, tu Pi se reiniciará y pasarás a la pantalla principal del sistema operativo Raspbian.

Iniciándose

Ahora que estás en la pantalla principal de Raspbian, es tiempo de hacer que la magia suceda. Aquí es dónde empieza tu aventura con el Raspberry Pi. Siéntete libre de curiosear y ver lo que tiene para ofrecer. Puedes ver que hay varios programas integrados para ayudarte a aprender varias cosas, lo que contradice el origen del Raspberry Pi puesto que fue diseñado para ayudar a los poco privilegiados a aprender de ciencia de las computadoras y programación en general.

Entonces, ya has estás delante del sistema operativo. Es probable que tengas algunas preguntas si no has usado Linux anteriormente. Además, incluso si has usado Linux antes, existe la posibilidad de que esto no se parezca a algo que hayas usado antes, en especial si estás acostumbrado a las distribuciones KDE. Así que vamos a responder algunas preguntas primero.

1. **¿Qué estoy viendo?**

La respuesta a esta pregunta es bastante sencilla: Raspbian. Rasbpian es una distribución del sistema operativo Linux de la que ya has escuchado antes. Es un derivado de una distribución popular de Linux llamada Debian. Hay muchas otras distribuciones de Linux, una de las cuales es Ubuntu. Raspbian ha sido diseñado para adaptarse perfectamente las demandas del hardware del Raspberry Pi y a la arquitectura de su CPU.

2. **¿Qué es Linux?**

3. Linux en sí mismo es un derivado de otro sistema operativo de hace mucho tiempo llamado Unix. Unix fue extraordinariamente popular por varias razones que darían para escribir un libro a parte (son numerosas y muy buenas).

4. Unix en sí inspiró varios sistemas operativos que las personas usan diariamente, incluyendo Linux (el cual inspiró el bastante conocido sistema operativo Android para teléfonos móviles) y MacOS (del cual se derivó el sistema operativo iOS también para teléfonos móviles). En otras palabras, si tienes un teléfono o una computadora sin Windows, has estado usando una computadora inspirada en Unix.

Debido a su ubicuidad en los años ochenta y al hecho de que los sistemas operativos como Linux, Minix y FreeBSD encajaban perfectamente bien en creencia de libertad de información y software libre de la subcultura hacker (libre y gratis), Unix seguiría siendo el rey del mundo del desarrollo de software durante un largo tiempo. Un largo tiempo que llega hasta el día de hoy, cuando estás sentado al frente de un sistema operativo no familiar pensando en qué hacer. Qué interesante.

Vamos a darle un vistazo al sistema operativo. Primero, la parte más importante del sistema Linux es la Terminal. Si usas una computadora Apple, probablemente habrás visto la terminal un par de veces también. La Terminal fue una de las características más usadas de Unix debido a que ofrecía una manera extremadamente sencilla de obtener paquetes, gestionar el sistema y hacer muchas otras cosas. Esto sigue siendo cierto hoy en día. Entender los sistemas Linux significa entender cómo funciona la Terminal y conocer las distintas cosas que puedes hacer con ella. Así que si quieres tener una idea de cómo funciona Linux, busca una guía de cómo funciona la Terminal.

Otro de los atractivos de Linux es que es totalmente gratis, y no sólo se reduce a eso. Puedes curiosear en la información de tu sistema y tener control total de la computadora y su tarjeta madre. Es por esto que a muchos geeks les encanta Raspbian; es fácil de usar, pero también brinda todo el control y autonomía de las distribuciones de Linux.

Habrás notado que Raspbian viene con algunas otras cosas. Hay un programa para ayudarte con problemas de álgebra llamado Mathematica. También podrás notar que hay una versión de Chromium incluida. Este navegador es bastante parecido a Google Chrome. De hecho, es la versión de código abierto de Google Chrome. A pesar de que hay una diferencia entre las versiones de estándar de Chromium y la que trae, esta versión es mucho más ligera que las demás y como resultado, funciona mucho mejor en la delicada arquitectura del Raspberry Pi. ¡Puedes abrir todas las pestañas que quieras! (No abras tantas tampoco, no va a funcionar bien.)

Lo último que debes notar es el hecho de que el sistema operativo viene con una versión de Minecraft que se conoce como Minecraft Pi. Se ve como un Minecraft normal pero está hecho para ayudar a los niños a que aprendan a programar. Sin embargo, podrías encontrarla divertida si la pruebas. Además, este es un libro extenso, así que te convendría darte un receso para jugar algo.

Linux es la mejor opción para los inventores. Existen muchas razones. La primera es que mantiene los costos bajo puesto que la cultura de Linux apoya el uso del software libre y de código abierto. Esto significa que puedes gastar mucho menos dinero para obtener un software y puedes pasar más tiempo usando tu software. El hecho de que sea totalmente abierto es genial ya que si te vuelves lo suficientemente bueno programando, podrás modificar el código fuente como desees. No hay secretos y sabes exactamente en lo que te estás metiendo. Además, quizás lo más atractivo es el hecho de que haya tantas herramientas de código abierto disponibles para ti como un programador de Linux. Las personas han estado trabajando con sistemas basados en Unix durante casi 50 años, sin mencionar que el movimiento del software libre y código abierto ha estado en la palestra por más de 40. Créeme, si hay algo que quieres hacer, probablemente ya haya un programa que haya sido escrito para hacer exactamente eso. Si no existe, Linux te hará más sencilla la tarea de crearlo.

Linux Embebido

Técnicamente hablando, no existe tal cosa como el Linux Embebido.
Cuando nos referimos a Linux Embebido, lo usamos como un
término paraguas para referirnos a un sistema embebido que corre
Linux. Un sistema embebido se refiere a una pieza de hardware de
que ha sido diseñada para una aplicación específica y particular. En
contraste, una Computadora Personal tiene una gran cantidad de
propósitos- tales como navegar en Internet, jugar videojuegos, o
escribir eBooks acerca del Raspberry Pi. Ultimadamente, la línea que
separa los dispositivos informáticos de propósito general y los
sistemas embebidos es bastante tenue. De hecho, el Raspberry Pi, el
tema principal de este libro, podría clasificarse como ambos.
Depende del propósito para el que lo quieras usar.

Para ser claros, los sistemas embebidos son distintos de los
computadores de propósito general. Tienen cualidades distintas, entre
las cuales se incluyen:

- Su propósito es bastante específico y a menudo se dedican
  únicamente a ese propósito.

- Usualmente tienen poca potencia. No tienen la potencia que
  tienen los ordenadores personales.

- Operan en un sistema más grande, actuando como un hub
  para otros sensores y dispositivos. En contraste con una PC

que normalmente actúa sola.

- Sus papeles a menudo son bastante significativos, por ende se les asigna una tarea específica.

- Procesan las cosas en tiempo real.

Puedes tener un Linux embebido si te pones creativo en la Terminal de Raspbian. La configuración es un proceso complicado y asume que ya tienes conocimientos técnicos, así que no hablaré de eso en este libro. Eres libre de investigar por tu cuenta. Todavía tenemos más cosas que aprender sobre el Pi.

Preguntas de Repaso

1. ¿Por qué Raspbian es una buena elección para los usuarios nuevos del Raspberry Pi?

2. ¿Cómo instalas Raspbian o algún otro sistema operativo para el Raspberry Pi?

3. ¿Qué es Linux? ¿Por qué es relevante para el Raspberry Pi?

4. ¿Qué es un Sistema Embebido? ¿Cómo se diferencian de los ordenadores personales?

Capítulo 3: Usando Tu Raspberry Pi

Ahora que has aprendido lo básico de la programación Python, es tiempo avanzar y usar tu Raspberry Pi. Configurar tu Pi para que funcione con sensores, diodos y otras cosas interesantes puede ser algo complicado. Sin embargo, veremos cada una de las maneras en que puedes usar tu Pi para que estés capacitado antes de involucrarte.

Interfaz Electrónica

Tu Raspberry Pi sería inútil si no fueses capaz de usarlo para interactuar con otros dispositivos electrónicos y usarlos, ¿verdad? A continuación hablaremos acerca de cómo configurar tu Pi para que funcione con otros aparatos. Primero debes tener un equipo adecuado para asegurarte de no destruir tu circuito o tu Pi incluso.

Multímetro Digital

Es esencial que tengas uno de estos antes de iniciarte en los circuitos. Este dispositivo mide muchas cosas tales como el voltaje, la corriente, la resistencia, etc. Esto es para asegurarte de no sobrecargar el circuito.

Placa de pruebas

Una placa de pruebas es la base para crear prototipos. Antes de que pruebes cosas en tu Raspberry Pi, pruébalas en la placa de pruebas primero. ¡Asegúrate de que sean buenas!

Componentes Discretos

- **Diodos**

  Un diodo es un semiconductor que permite el paso de corriente en una sola dirección.

- **Diodos Emisores de Luz (LEDs)**

  Un LED funciona de forma similar a un diodo, sólo que emite luz cuando la corriente fluye en la dirección correcta. Vienen en varias formas, tamaños y colores. La longitud de la pata determina cuál es la positiva (cátodo) y cuál es la negativa (ánodo).

- **Capacitores**

  Un capacitor es un componente que puede usarse para almacenar carga eléctrica. Almacena energía cuando hay una diferencia de potencial entre sus placas, y libera la energía una vez que la diferencia de potencial se disipa.

- **Transistores**

  Un transistor es un semiconductor que puede usarse para amplificar o cambiar la electricidad o las señales eléctricas.

- **Optocouplers**

Son dispositivos digitales que te permiten aislar circuitos entre sí.

- **Botones e Interruptores**

  Creo que no hay necesidad de explicarlos. Son dispositivos de entrada con los que interactúas para hacer que tu circuito haga algo. Su función básica es abrir o cerrar un circuito. Vienen en distintas formas y tamaños, dependiendo de lo que necesites.

Protocolos de Comunicación

Debe haber comunicación entre los sistemas embebidos para que funcionen de forma adecuada. De este modo se transfieren los datos entre los sistemas embebidos. Hay ciertos estándares que se fijan para asegurarse de que haya consistencia y coherencia en su comunicación. Estos son los protocolos de comunicación.

Existe una gran cantidad de protocolos de comunicación, y entenderás cómo se diferencian entre sí si aprendes estos conceptos primero:

- **Tasa de Bits**

  La tasa de bits detalla la cantidad de bits que se envían por unidad de tiempo. Usualmente se escribe en bits/segundos.

- **Tasa de Baudios**

Mientras que la tasa de bits da la cantidad de bits enviados por unidad de tiempo, la tasa de baudios describe la cantidad de símbolos enviados por unidad de tiempo. Estos símbolos pueden ser de cualquier cantidad de bits. Esto depende del diseño. Si todos los símbolos son de 1 bit, la tasa de baudios será igual a la tasa de bits.

- **Comunicación en Paralelo**

  En la comunicación Paralela, se envían múltiples bits al mismo tiempo.

- **Comunicación en Serie**

  En la comunicación en serie, los bits se envían uno a la vez.

- **Comunicación Sincrónica en Serie**

  La comunicación sincrónica es un tipo de protocolo en el que los datos se envían a una tasa constante. Esto requiere que los relojes internos de los dos sistemas embebidos estén sincronizados para que el receptor reciba la señal en los mismos intervalos de tiempo que el transmisor usó.

- **Comunicación Asincrónica en Serie**

  Este tipo de comunicación en serie no requiere que los relojes internos estén sincronizados. En lugar de sincronizar la señal, el flujo de datos contiene señales de inicio y de finalización antes y después de la transmisión , respectivamente. Cuando el receptor recibe la señal de inicio, se prepara para recibir un flujo de datos. Del mismo modo, cuando recibe una señal de parada, vuelve a su estado previo para recibir una nueva entrada de datos.

Ahora que ya conoces los conceptos básicos de la comunicación entre sistemas embebidos, puedes aprender los distintos protocolos de comunicación.

I^2C

I^2C es la abreviatura de Inter-Integrated Circuit o Circuito Inter-Integrado en español. Es un protocolo de comunicación sincronizada que usa dos cables: uno para los datos (SDA) y otro para el reloj (SCL). Es un bus informático multi-maestro y multi-esclavo secuencial. Se usa principalmente para circuitos periféricos integrados de baja velocidad a procesadores y microcontroladores. Debido al modo en que funciona, I2C debe validar los datos que pasan al evaluar si los datos de la línea SDA cambian cuando el SCL está alto. Los datos de la línea SDA deberían cambiar solamente cando el SCL esté bajo. De lo contrario, los datos serán marcados como inválidos.

- La estructura del bus es una conexión cableada AND. Esto significa que puedes saber si el bus está desocupado u ocupado.

- Una vez que el maestro cambia el estado de una línea a ALTO, siempre debe revisar si esa línea cambió de estado.

De lo contrario, es una señal de que el bus está ocupado.

- I^2C soporta una amplia gama de voltajes.

- I^2C es semiduplex.

- I^2C puede soportar transferencias secuenciales de datos de 8 bits a una velocidad de hasta 100 kbps. Esta es la velocidad estándar del reloj del SCL. I^2C también es capaz de desarrollar una tasa de bits mayor: 400kpbs (modo rápido) y 3,4 Mbps (modo de alta velocidad).

- I^2C es usado principalmente para la comunicación a corta distancia.

UART

UART es el acrónimo de Universal Asynchronous Receiver Transmitter o Transmisor-Receptor Asíncrono Universal en español. En este protocolo se usa un cable para la transmisión y otro cable para la recepción. UART usa un tipo de comunicación en serie, y por lo tanto los bits viajan por un cable.

- UART soporta la comunicación mediante RS232.

- Las tasas de baudios para UART incluyen 110, 300, 600, 1200, 4800 y 9600.

- UART sólo puede soportar la comunicación entre dos dispositivos a la vez. Esto se debe al protocolo de comunicación punto a punto.

SPI

SPI son las siglas de Serial Peripheral Interface o Interfaz Periférica Serial. Es un protocolo de comunicación sincronizada en serie usado para la comunicación a corta distancia. Puede operar con un dispositivo maestro y varios dispositivos esclavos.

- SPI es un protocolo de comunicación full dúplex.

- EL protocolo SPI no tiene un límite para el tamaño del mensaje, lo que lo hace bastante flexible.

Interactuar en Tiempo Real Usando Arduino

En caso de que no estés familiarizado, Arduino es un poderoso microcontrolador. Puedes usarlo en tándem con el Raspberry Pi, y crear así algunos proyectos impresionantes. Obviamente no necesitas de un Arduino para que esto funcione. Necesitas mucha experiencia en programación y debes tener dominio de las interfaces para usarlo, y explicar eso haría que este libro fuese más extenso de lo que realmente debe ser, así que eres libre de investigar este tema por tu cuenta. Sin embargo, voy a tocar algunos aspectos clave.

- Puedes interactuar con Arduino usando cualquiera de los protocolos de comunicación discutidos anteriormente (I^2C,

UART, y SPI).

- Puedes configurar Arduino como un I^{2}C esclavo. Esto te permitirá conectar varios Arduinos a un Raspberry Pi.

- Una conexión UART directa sólo soporta un esclavo a la vez.

- Si requieres de una interacción rápida y de alto nivel entre tu Arduino y tu Pi, tendrás que configurar el Arduino como un SPI esclavo. Esto se debe a que la conexión SPI sólo será limitada por la velocidad del reloj del Arduino.

Entrada y Salida

Probablemente habrás notado esa fila de pines en la parte superior de la placa Raspberry Pi. Estos son pines GPIO. GPIO es el acrónimo de General Purpose Input/Output o Entrada/Salida de Propósito General. Al usar este software serás capaz de designar cuales de estos pines serán para entrada y cuales para salida. Puedes hacer muchas cosas con esto. Dos de estos pines son de 5V, y otros dos son de 3,3V. También hay varios pines de tierra que no puedes configurar. El resto son pines 3V3 de propósito general.

Si designas un pin como pin de salida, puedes configurarlo como alto, a 3V3 o como bajo a 0V. Del mismo modo, los pines de entrada pueden leerse como altos (3V3) o bajos (0V).

Captura de Imágenes, Videos y Audio

Puedes usar tu Raspberri Pi para tomar fotos y grabar videos o audio. Obviamente necesitas accesorios para intentar esto. Necesitarás de una Cámara Raspberry Pi ($30) o de una Webcam USB y un audio USB y un audio HAT.

Imágenes y Video

Hay muchas razones por las que puedes usar tu Raspberry Pi para tomar fotos o videos. Como por ejemplo la transmisión de imágenes o de video de dispositivos de seguridad, robots, etc. Si tienes la combinación correcta de accesorios, podrás transmitir videos de alta calidad. Esta transmisión podrá verse de manera asíncrona. El único límite para su duración es la capacidad de almacenamiento de tu Pi o de cualquier dispositivo de almacenamiento USB.

Para empezar debes tener una cámara. Puedes usar una Webcam USB o comprar una cámara especial para usar con el Raspberry Pi, la Raspberry Pi Camera, que puedes comprar por $30. Sólo hablaremos de la Raspberry Pi Camera para evitar extendernos mucho.

La Raspberry Pi Camera es pequeña, tiene una medida de 1"x1". Se conecta al CSI del Pi por medio de un cable cinta de 15 centímetros. Tiene una calidad de 5 megapíxeles y soporta video en calidad 1080p full HD a varios fotogramas por segundo, y hasta 90 fotogramas por segundo en calidad VGA. También puedes comprar un filtro infrarrojo si lo deseas. Para conectarla al Pi debes seguir estos pasos:

- Apaga el Raspberry Pi. No toques los contactos de metal del cable cinta. ¡Podrías estropearlo!

- Quita el protector del lente.

- Agarra el conector CSI y levanta con cuidado el clip (de color blanco o negro normalmente).

- Inserta el cable CSI en su ranura.

- Baja el clip para ponerlo en su lugar.

- Enciende el Pi y configura la cámara:

  o Enciende la cámara con este comando:

  ```
  pi@erpi ~ $ sudo raspi-config
  ```

- Reinicia.

Para captar imágenes debes colocar el siguiente comando:

```
pi@erpi ~ $ raspistill -o image.jpg
pi@erpi ~ $ ls -l image.jpg
```

Para grabar un video de 10 segundos puedes usar este comando:

```
pi@erpi ~ $ raspivid -t 10000 -o video.h264
pi@erpi ~ $ ls -l video.h264
```

Puedes hacer muchas otras cosas como transmitir videos y configurar un sistema de seguridad hogareña con esto. Sin embargo, no vamos a hablar de esas aplicaciones así que eres libre de investigar por tu cuenta.

Grabar y Reproducir Audio

La mayoría del tiempo necesitarás un video con audio, y otras veces necesitarás solamente del audio. También pudieras usar el Pi para reproducir música, hacerles bromas a tus amigos o hacer algo totalmente distinto. Para configurar el audio necesitas un dispositivo de entrada o salida de audio. Sin embargo, el Pi ya viene con sistema de salida de audio integrado, que se conecta por medio del puerto HDMI. Para la entrada de audio, sin embargo, necesitarás de otro dispositivo.

- **Audio USB**

  Puedes conectar un dispositivo de audio USB siempre que soporte los drivers de Linux. Puedes usar también cámaras web USB que tengan micrófonos.

- **Audio Bluetooth**

  Puedes usar un sistema de entrada o salida de Audio por Bluetooth y conectarlo al Pi usando un adaptador de Bluetooth compatible con Linux.

- **Raspberry Pi HATs**

HAT es el acrónimo de "Hardware Attached on Top" que puede traducirse como "Hardware Conectado en la Parte Superior", un nombre bastante peculiar. De igual modo, puedes conectar un HAT que tenga capacidad de audio al Pi.

Para grabar o reproducir audio necesitarás el software de utilidades ALSA. Contiene las utilidades de aplay y arecord que se necesitan para grabar audio. Para instalarlas, simplemente escribe este comando:

```
pi@erpi ~ $ sudo apt update
pi@erpi ~ $ sudo apt install alsa-utils
```

Vamos a usarlas para grabar y reproducir audio ahora. Para grabar audio, usa este comando:

```
pi@erpi ~/tmp $ arecord -f cd -D plughw:1,0 -d 10 test.wav
```

Para reproducir el audio que acabas de grabar, usa este otro comando:

```
pi@erpi ~/tmp $ aplay -D plughw:1,0 test.wav
```

Preguntas de Repaso

1. ¿Cuál es la herramienta más importante que debes tener antes de tratar de interconectar tu Pi y otros dispositivos electrónicos?

2. ¿Cuáles son los distintos protocolos de comunicación que pueden usarse con el Raspberry Pi? ¿Cómo se diferencian entre sí? ¿Cuáles son sus ventajas y desventajas?

3. ¿Cómo puedes conectar tu Raspberry Pi con un Arduino?

4. ¿Cómo se puede captar imágenes, grabar videos, grabar audios y reproducir audio en el Raspberry Pi? ¿Qué dispositivos tendrías que usar? ¿Qué software se necesita?

Capítulo 4: Programación Python para el Pi

La mayoría de la programación del Pi se hace mediante Python. Sin embargo, ocasionalmente se usan otros lenguajes en los sistemas Pi. Por ejemplo, a veces verás que se usa el lenguaje Bash para escribir guiones que puedan correrse desde la terminal de Linux y que puedan ejecutar comandos desde la terminal de Linux.

Sin embargo, cuando se trata de escribir guiones de alta calidad, el lenguaje predilecto es Python. El Raspberry Pi fue hecho para soportar Python, y Python es extremadamente fácil de usar y ejecutar en poco tiempo. Sin embargo, el reto está en aprender a programar el Raspberry Pi. Es más fácil decirlo que hacerlo. Después de todo, ¡se les paga mucho dinero a ciertas personas por programar! Se requiere de mucha habilidad para ser un buen programador.

Este capítulo fue hecho con el objetivo desarrollar te habilidad y darte toda la información útil sobre la programación Python para que puedas empezar a programar tu Raspberry Pi. Así que, con eso dicho, vamos a abordar algunas preguntas básicas.

¿Qué es Python?

Python es un lenguaje de programación. Para ser exactos, las computadoras no entienden ninguno de los lenguajes que hablamos. Hablan en cálculos de manera nativa. Normalmente hay permutaciones de 1s y 0s y se realizan operaciones con ellos. Esto se conoce como código binario y es el pilar fundamental de la programación y la ciencias de la computación en general.

Para hablar con las computadoras, darles instrucciones y decirles qué hacer, necesitamos de un medio para traducir a su lenguaje lo que queremos decirles. Estos medios son los lenguajes de programación. Los lenguajes de programación se usan para convertir los caracteres y la terminología que usamos en un código que las computadoras puedan entender y ejecutar.

¿Por qué Python?

En este punto podrías preguntarte : ¿Qué hace que Python sea tan especial? ¿Deberíamos usar Python u otro lenguaje de programación? ¿Qué es lo que lo hace diferente? La respuesta simplemente es esta: Python tiene mucho soporte, es soportado nativamente y funciona bastante bien en la plataforma Rasbperry Pi.

Aunque hay muchos lenguajes de programación diferentes que se pueden usar en el Raspberry Pi, pocos son igual de eficientes y tan bien soportados en la plataforma. Esa es la razón por la que tantas utilidades del Raspberry Pi se crean usando el lenguaje Python. Esa debería ser toda la razón que necesites. Ningún lenguaje es tan bueno como Python.

Además, para alguien que sea nuevo en programación y esté recibiendo mucha información (quizás como tú), Python es genial porque es bastante sencillo. Python es sencillo para los principiantes y al mismo tiempo bastante potente para los programadores que ya tienen algo de experiencia, así que no tendrás problemas para aprender de este poderoso lenguaje, adaptarte al flujo de trabajo "Pythonico" y a sacar todo su potencial.

Configurando Python

Python viene integrado en Raspbian, así que no tendrás que hacer mucho para configurarlo. Puedes verificar que Python esté instalado al abrir la Terminal y ejecutar el comando Python. Si por alguna razón Python no está instalado, puedes ir al sitio web de Python y descargar la versión para tu sistema operativo. Si por alguna razón tienes Python 2, tendrás que desinstalarlo e instalar Python 3 en su lugar. Raspbian debería venir con Python 3, lo que elimina esta preocupación.

Datos y Variables

Lo primero que vamos a ver son las operaciones matemáticas y cómo realizarlas. Para entender esto debes saber una o dos cosas de los datos. Python entiende los datos de un modo relativamente único, pero hay una razón por la que es relativo; todos los lenguajes de programación entienden los datos del mismo modo. Un dato es, por así decirlo, una pieza de información singular que se usa para representar algún concepto dado. Cualquier dato individual se conoce como valor. Los valores pueden tomar distintas formas.

Sin embargo, en el fondo, las computadoras realmente no entienden nada de esto sino que, en su lugar, las computadoras entienden la idea en sí de unos y ceros, los cálculos binarios que están ejecutándose en su interior. Encima del código binario hay una capa de abstracción, conocida como código de Ensamblaje el cual opera sobre los bits o los distintos conjuntos del código binario que representan valores individuales. Hay otra capa de abstracción además de esa, conocida como sistema operativo. Y luego hay otra más, que es el lenguaje de programación en uso. Este trabaja con el sistema operativo para transformar algo que podamos entender en el lenguaje de ensamblaje, que luego el procesador de la computadora convierte en cálculos. Todo esto sucede en cuestión de microsegundos o nanosegundos.

El punto clave de todo esto es que las computadoras entienden las cosas en términos de ceros y unos, y la manera en que nosotros entendemos un valor no significa nada para la computadora. Para resolver esto, los programadores decidieron que las computadoras categorizaran los valores en distintos tipos. Estos tipos de datos le dicen a la computadora la manera de realizar las operaciones con los valores dados pues estos corresponden a unos y ceros. Esta es una arquitectura muy compleja, así que no te desesperes si no tiene mucho sentido al principio.

De cualquier manera, para entenderlo apropiadamente, es necesario que ahondemos en estos tipos datos y los veamos de un modo más abstracto. Así que manos a la obra. Vamos a darle un vistazo de cerca a los distintos tipos de datos que puedes usar en Python.

Entero (Integer)

Los tipos de dato enteros se refieren a cualquier dato que corresponda a un número entero de nuestro entendimiento abstracto. Por ejemplo, números tales como: 7,39, o -3.

Flotante (Float)

Los tipos de dato float corresponden a cualquier que sea un número decimal, tales como 3,141569 o 94,3332.

Doble (Double)

Double se refiere a un número "double precision" o "precisión doble", este es un tipo bastante específico de número decimal. No debes entenderlo a profundidad debido a que un float y un double actúan de manera similar en Python. La razón de esta distinción se remonta a la época en que las computadoras tenían menos RAM y menos poder de procesamiento de lo que tienen ahora, pero para nuestro propósito, puedes ignorar esto.

Booleano (Boolean)

Los booleanos son valores verdaderos o falsos. Esto cobrará sentido más adelante o cuando hablemos de lógica de programación y el papel de la lógica en la ciencias de la computación.

Carácter (Character)

Los caracteres son caracteres alfanuméricos o simbólicos singulares que pueden escribirse en la consola de una computadora. Puede ser una A, un 3 o un $. Este es un entendimiento voluble puesto que los caracteres realmente se relacionan con un valor ASCII, lo que significa que cualquier carácter dado también tiene un valor numérico entero. Por esta razón, si tenemos por ejemplo el carácter "3" y el entero 3 y queremos ver si son lo mismo, veríamos que no lo son. Ten en esto en mente cuando programes.

Cadena de Caracteres (String)

Hablaremos acerca de las cadenas de caracteres con más profundad luego, pero en esencia, son exactamente lo que su nombre dice, una cadena de varios caracteres juntos. Cualquier conjunto de caracteres es una cadena de caracteres, que bien pueden tener 2 caracteres o 2000 caracteres.

Estos no son todos los valores que se usan en Python. Sin embargo, son los que más usarás desde el inicio, y por eso es que los mencionamos. Estos valores pueden expresarse en cualquier expresión dada en Python. Por ejemplo:

```
print(3 + 3)
# would print 6


print("Hey there!\n")
# printing a string to the console
print('C')
# printing a character to the console
```

En otras palabras, estos son la base de lo que harás en programación. Cada código que escribas funcionará con valores como estos y los manipulará de un modo u otro. Cuanto más trabajes con los códigos, más aprenderás sobre cómo usarlos y cómo es que cada sentencia que escribes en un programa al final es una manipulación de datos. Esta es la naturaleza de la programación, para bien o para mal.

A veces vas a tener que guardar estos datos de modo que puedas recordarlos o cambiarlos en el futuro. ¿Qué se puede hacer en este caso? Pues es bastante sencillo, puedes usar variables. Las variables ofrecen un método para rastrear los valores por un largo período mientras trabajas en un programa.

Recuerda lo que hablamos de los tipos de datos. Los tipos de datos son especialmente útiles y mucho más diversos en Python ya que Python intenta hacer las cosas sencillas para ti; sin embargo, todos estos valores se guardan en la memoria de la computadora, y se guardan en cajas de tamaño pre-asignado dependiendo de cuánto espacio use el tipo de dato que se use.

Dichas cajas en la memoria de la computadora son las variables. Puede hacerse la analogía con la vista general de una ciudad dada. Puedes tener muchas parcelas en las que se puedan construir casas, y cada parcela tiene su dirección. Las parcelas son equivalentes a las variables y la dirección es el nombre de la variable.

Por lo tanto, puedes guardar todos estos valores en variables que tu nombras como más te convenga. Digamos que tienes una variable llamada dogAge (la edad de tu perro). Si tu perro tuviese 4 años de edad, entonces podrías configurarla así:

dogAge = 4

Si el nombre de tu perro es Lucky, podrías crear una variable de este estilo:

dogName = "Lucky"

Python hace que sea extremadamente sencillo nombrar y declarar variables. Otros lenguajes hacen un poco más engorroso el proceso, pero Python no. Esto puede ser una bendición o una maldición. En otros lenguajes se te pide decir el tipo de variable cuando la declaras, pero Python no requiere que hagas esto.

¿Por qué podría ser malo eso? Bueno, sencillamente porque puede ser confuso para un programador nuevo que no tenga mucha experiencia trabajando con distintos tipos de datos. Puede que termines olvidando un par de datos y luego intentes hacer una comparación entre datos que no son del mismo tipo, y termines haciendo un desastre ya que la computadora no compara datos distintos de la misma manera.

Es por esto que debes entender los diferentes tipos de datos que hay. Te ayudará a entender, por ejemplo, que la cadena de caracteres "34" y el entero 34 no son lo mismo y por ende no deben compararse, y esta es la razón por la que tus comparaciones podrían estar erradas en algún punto si no tienes cuidado.

Python Math

Por supuesto, trabajar con variables es mucho más útil si haces operaciones con los datos en cuestión- por ejemplo, si realizas operaciones matemáticas o si creas ecuaciones útiles. En esta sección vamos a explorar las distintas maneras en que puedes trabajar con los datos.

Ten en mente que puedes volverte a referir a las variables. Por ejemplo, si quieres imprimir una cadena de caracteres que guardaste en una variable, puedes hacerlo de este modo:

```
print(dogName)
```

O en caso de que quieras imprimir el nombre de tu perro y su edad al mismo tiempo, podrías hacerlo así:

```
print("My dog's name is " + dogName + " and they are " + dogAge + " years old.")
```

¿Pero qué tal si algo cambia? ¿Qué tal si, por ejemplo, tu perro envejece un año? ¿Qué puedes hacer?

Bueno, simplemente tendrías que sumarle uno a la edad de tu perro. Pero, ¿cómo se hace eso? Puedes hacerlo simplemente asignándole un valor nuevo. Puedes reasignarle valores a las variables y manipular las variables tal como las fijaste en primer lugar. El proceso es similar. Vamos a suponer que le quiere sumar 1 a la variable dogAge. Puedes hacerlo de esta manera:

```
dogAge = dogAge + 1
```

La variable dogAge tomaría el valor previo, 4, y luego le sumaría 1 y de este modo quedaría como el nuevo valor de la variable dogAge.

¿Tiene sentido? Si imprimes la variable dogAge ahora, va a imprimir el número 5:

```
print(dogAge)
```

Python tiene varios operadores que puedes usar para realizar operaciones matemáticas. Los operadores matemáticos de Python son los siguientes:

c + d

Este es el operador adición. Se usa para sumar números.

c - d

Este es el operador sustracción. Se usa para restarle un número a otro.

c * d

Este es el operador multiplicación. Se usa para multiplicar un número por otro número.

c / d

Este es el operador división. Se usa para dividir un número por otro número.

c % d

Este es el operador módulo. Se usa para hallar el residuo cuando divides c por d. Por ejemplo, 7%3 sería 1 ya que 7 dividido entre 3 tiene un residuo de 1.

Estos son los operadores matemáticos principales que debes conocer en Python. Con este conocimiento puedes realizar operaciones matemáticas complejas en Python y podrás hacer cosas geniales. ¡Y apenas es el comienzo!

Cabe destacar que el modo en que reasignamos el valor anteriormente no es necesariamente el mejor modo de hacerlo. Es decir que la sentencia "dogAge =dogAge +1" puede hacerse de un modo más sencillo de leer y entender. Hay algunas abreviaciones para los operadores en Python, tales como:

```
c += d
# This just means c = c + d.
```

```
c -= d
# This just means c = c - d.
```

```
c *= d
# This means c = c * d.
```

```
c /= d
# This means c = c / d.
```

```
c %= d
# This means c = c % d.
```

Como puedes ver, estos operadores son difíciles de entender, y pueden simplificar tu código y hacerlo más fácil de leer.

Comentarios

Los comentarios son esenciales para la programación a menos que quieras perderte en tu propio código. Son especialmente importantes cuando trabajas con un equipo. Los comentarios son partes del código que, desde el punto de vista de la computadora, no hacen absolutamente nada. ¿Por qué son importantes entonces? Los comentarios son importantes debido a que puedes insertar texto en tu código sin que afecte al programa en sí. Puedes usarlos para decirle a otro programador que no toque una parte del código porque es una solución temporal mientras intentas arreglar otra parte del código. Para nuestro propósito, podemos usarlos para guiarte de modo que sepas qué parte del código hace qué cosa y de qué manera lo hace.

Formateo

Si alguna vez has programado en otro lenguaje, habrás notado entonces que Python es bastante diferente en muchos aspectos. Uno de estos aspectos es la manera en que Python maneja el formateo.

Muchos lenguajes populares son ambivalentes con respecto al espacio en blanco, las sentencias se separan por un punto y coma, y puedes colocar tu programa en una sola línea si quisieras hacerlo. Incluso hay competencias de C y Java para ofuscar el código y hacerlo lo más bonito posible a expensas de la legibilidad.

Python por su parte se preocupa bastante por el espacio en blanco. El espacio en blanco en Python- esto es, salto de líneas, espacios y tabulaciones- indican la jerarquía del código a Python. Esta es la manera principal en la que Python entiende tu código, así que debes prestarle atención a los espacios en blanco. Asegúrate de que planear las cosas tal como yo lo hago y presta atención al modo en que los espacios en blanco afectan el flujo de tu código y al modo en que tu código funciona en general.

Entrada de Usuario y Casting

Acá vamos a pasar un momento hablando de la entrada de usuario. Van a haber muchas ocasiones en las que vas a retirar información del usuario. Por ejemplo, puede que le pidas el nombre del archivo o algún tipo de dato necesario para el programa al usuario. Puede ser algo tan inocuo como el título de un libro si estás escribiendo una biblioteca o un programa para guardar libros. De algún modo u otro, los programas no sólo existen, sino que también interaccionan con el usuario y hacen que las cosas sucedan.

Debido a esto, es importante que entiendas cómo funciona la entrada de usuario en Python. Realmente es bastante sencillo.

Todas las entradas del usuario en Python- al menos en la consola- se manejan por medio del método input. El método input te permite recibir información de la consola. Leerá todo hasta que se presione el botón Intro y regresará toda la información como una cadena de caracteres. El método input funciona así:

```
input("Prompt text")
```

Puedes colocar lo que quieras en la parte de "prompt text" o dejarlo así. El prompt text indica que el texto que se le suministrará al método input como un argumento se mostrará al usuario en cuestión.

Puedes usar el método input para fijar el valor de una variable, y este asignará lo que el usuario introduzca como el valor de esa variable. Por ejemplo si mi texto fuese este:

```
food = input("What is the last thing you ate?")
```

Y el usuario colocara nachos, entonces el valor de food sería nachos. Por lo tanto, si imprimimos la variable food, se imprimiría como nachos:

```
print(food)
# would print as nachos
```

Sin embargo, a veces este no es el final de la línea. Digamos que estás escribiendo el programa de una calculadora y tienes que aceptar los números que el usuario introdujo. Por supuesto, el método input retornará una cadena de caracteres. Ya sabes que las cadenas de caracteres no son el tipo de datos que necesitamos en este momento; necesitamos un valor flotante o un valor entero. Entonces, ¿Cómo podemos convertir lo que el usuario introdujo en uno de estos valores?

Puedes hacer esto mediante el casting. El Casting es la conversión de un tipo de dato en otro tipo de dato. En Python, las variables pueden guardar cualquier tipo de dato, así que puedes fijar el tipo de dato que convertiste como el nuevo valor de la variable, pero no deberías hacer esto si quieres ser un buen programador y tener un código limpio. De hecho, es mejor que evites hacer esto a toda costa y crees nuevas variables ya que es más legible y seguro. Usa una sola variable para tu entrada de usuario y crea otras variables como la forma convertida de esa. Por ejemplo:

```
in = input("What is the number?")
number = #casted in
```

Castear valores es fácil. Todo lo que debes hacer es colocar el tipo al que lo quieres convertir entre paréntesis justo al lado del valor, del siguiente modo:

```
number = (float)in
```

Esto hará que el valor de number sea el valor de in transformado a un flotante. Python maneja automáticamente este tipo de conversiones engañosas por ti, así que la mayor parte del tiempo no tendrás que preocuparte por esto.

Introducción a la Lógica del Programa

Ya es momento de hablar con más profundidad. Este tipo de lógica tiene muchos nombres tales como lógica simbólica en los campos del arte liberal, mientras que en ciencias e ingeniería se conoce como matemática discreta. También se conoce con el nombre de lógica proposicional. Sin importar lo que estés programando o qué lenguaje uses, es importante que tengas una buena base en este tipo de lógica ya que es esencial para el mundo que te rodea.

Algunas personas dicen que aprender a programar cambia tu forma de pensar, y esto es cierto de una u otra forma ya que la programación te obliga a aprender y a pensar como una computadora. ¿Cómo piensan las computadoras? Básicamente, las computadoras piensan en blanco y negro. No piensan como tú o yo lo hacemos. Piensan de una manera mucho más sencilla. Esto es esto y aquello es aquello, no hay matices grises.

Esto es genial porque es lógica pura. La lógica pura es el estado en el que las cosas son o no son. La lógica tiene una larga historia como la búsqueda de la verdad por medio del entendimiento de las cosas que son y no son. Uno de los ejemplos más antiguos y burdos de este tipo de lógica está en la aplicación Socrática de la lógica en la historia temprana de la filosofía Occidental, consideremos por ejemplo este antiguo silogismo Socrático:

Todos los hombres son mortales
Sócrates es un hombre.
Por lo tanto, Sócrates es mortal.

Esta es una de las aplicaciones más básicas y sencillas de entender de la lógica ya que tiene sentido perfecto. La lógica se basa en dos cosas: argumentos y verdades. La lógica en sí se basa en argumentos, pero la lógica se usa para deducir la verdad.

Esta sección va a enfocarse en ambos ya que esta cuestión es esencial para la ciencias de la computación y tener un entendimiento profundo de ella puede beneficiarte como programador.

Argumentos

¿Qué es un Argumento? Un Argumento es un medio para razonar

un punto. Se hace una afirmación que luego se revisa y se llega a una conclusión finalmente. Los argumentos se componen de dos partes: una premisa y una conclusión. Por ejemplo, en el argumento anterior tenemos dos premisas: todos los hombres son mortales y Sócrates es un hombre. Esto también puede expresarse así:

Para todo p, p=q.
Entonces existe p(S).

Por supuesto que esto no es algo revolucionario. Es simplemente una manera de darle una forma abstracta al argumento, y esto es crítico para entender la lógica. Estas premisas llevan a una conclusión. La primera premisa es una afirmación genérica y la segunda es la verdadera afirmación, la parte que nos lleva a una conclusión. Puesto que todo p es q, si existe una instancia de p, entonces esa instancia de p es q.

Por lo tanto:

Para todo p, p =q.
Existe p(S).
Por lo tanto, p(S)=q.

Esta es la disección básica de un argumento lógico. Todos los argumentos lógicos pueden entenderse en términos similares a estos. Los programas de computadora son, en cierta forma, argumentos lógicos; son un modo de proceder por medio de operaciones lógicas usando reglas establecidas de conducta, transitividad y muchas otras. Son el cerebro de la computadora haciendo argumentos constantemente, y son una buena parte del próximo capítulo que trata de flujo de control.

Sin embargo, notarás algo de este argumento; el argumento entero tiene premisas ciertas. A pesar de que la forma del argumento es correcta, si el argumento se usa de modo equivocado no tendría sentido alguno sin importar qué tan sólida sea su forma. Por ejemplo:

Todos los gatos llamados Mike son atigrados.
Mi gato se llama Mike.
Por lo tanto mi gato es atigrado.

Lógicamente este argumento es correcto. Sin embargo, ¿Qué tal si mi gato Mike es un Siamés? Esto no sería cierto obviamente. Esta premisa es muy ambiciosa, asume muchas cosas, y no es cierta del todo- ¿cierto?

Entonces, este es el papel tan importante que juega la verdad en la lógica. La lógica es genial para la crear conceptos abstractos y fácilmente aplicables. Sin embargo, en el fondo se encarga de descubrir la verdad, y sin el descubrimiento de la verdad, la lógica es poco útil.

Además, ¿cómo descubrimos las verdades? Pues sencillamente por comparación. Por ejemplo, en el argumento anterior, sin los medios para descubrir la verdad no hay manera de probar que el argumento sea una falacia ya que la forma del argumento es consistente y no hay una verdad con la que se le pueda comparar. Sin embargo, puedo comparar a mi gato llamado Mike y ver si es atigrado. Si no es atigrado entonces el argumento es claramente falso, ¿verdad?

Y así es como se encuentra la verdad mediante una comparación. En la ciencias de la computación , especialmente cuando se inicia en ella, estas verdades pueden ser fáciles de entender y de trabajar. Sin embargo, se vuelven más complejas con el tiempo así que debes tener esto en mente a medida que avances. Ahora vamos a pensar un poco en las comparaciones.

¿Cómo se realizan comparaciones en la ciencias de la computación ? Las comparaciones se realizan principalmente mediante el uso de expresiones. Si piensas un segundo, probablemente recuerdes un momento de tu vida, quizás en la primaria o en la secundaria, cuando trabajabas con álgebra y expresiones por primera vez. Estos son conceptos básicos tales como menor que, mayor que, y muchos otros más. Aprendiste que el signo igual era simplemente una expresión que afirma que una cosa es igual a otra, y siguiendo esta forma, podías hacer álgebra en cualquier expresión.

Estas se mantienen a medida que avanzas en matemáticas; no te preocupes. Este es uno de los campos en los que asoman su cabeza de nuevo, y es bastante divertido. Las expresiones son comparaciones entre un valor y otro siguiendo una forma estándar. Los distintos tipos de expresiones en Python son así:

```
b == c
# This means b is equal to c.
```

```
b < c
# This means b is less than c.
```

```
b <= c
# This means b is less than or equal to c.
```

```
b > c
# This means b is greater than c.
```

```
b >= c
# This means b is greater than or equal to c.
```

```
b != c
# This means b is not equal to c.
```

Y por supuesto, el punto de las expresiones- como había dicho- es encontrar alguna expresión significativa de la verdad. Las expresiones representan relaciones entre valores. Supongamos por ejemplo que tengo dos valores: 7 y 3. Y quiero hacer esta expresión con ellos:

7 < 3

Esto se lee así: 7 es menor que 3. ¿Es cierto? Claramente no; 7 es mayor que tres. Por lo tanto, la expresión es falsa.

7 > 3

Ahora bien, esta expresión si es verdadera puesto que 7 es mayor que 3. Acá yace el propósito principal de las expresiones- son un medio para evaluar verdades por medio de la comparación de valores, y hacen muy bien su trabajo.

Nótese, por su puesto, que debido a que las variables representan valores, también puedes comparar dos variables del siguiente modo:

```
myVariable = 7
myOtherVariable = 3

myVariable > myOtherVariable
# This would be true, of course, since 7 is greater than 3.
```

Nótese también que estas expresiones pueden ser tener valores de verdadero o falso dependiendo del modo en que se evalúen. ¿Recuerdas que mencioné que los valores booleanos son un poco engañosos? Así es, esta es una razón por la que lo son. Los valores booleanos pueden contener información verdadera o falsa, lo que puede ser más útil de lo que parece, principalmente por las razones que discutiremos más adelante en este libro. Por ahora basta con que sepas que los booleanos contienen valores verdaderos o falsos. Las expresiones también regresan valores verdaderos o falsos. ¿Ya ves a dónde voy con todo esto?

Puedes usar variables para guardar el valor de expresiones como verdadero o falso del siguiente modo:

```
myVariable = 7
myOtherVariable = 3
myTruthVariable = myVariable > myOtherVariable

print(myTruthVariable)
# would print out True, because it's True.
```

Aunque esto no es útil la mayor parte del tiempo, la verdadera utilidad de mostrarte esto es que entiendas el modo en que funcionan las expresiones ya que hará todo más sencillo.

También puedes encadenar estas sentencias en una sentencia más grande. Esto se hace usando operadores condicionales. Los operadores condicionales son geniales ya que son un medio para encadenar estas sentencias lógicas y crear sentencias lógicas más complejas.

En Python hay tres operadores condicionales:

1. expression1 **and** expression2

   Este evalúa si expression 1 y expression 2 son verdaderas. De ser así, la sentencia entera es verdadera. Si una de ellas es falsa, la sentencia entera es falsa.

2. expression1 **or** expression2

   Entender el operador or puede ser un poco engañoso. Simplemente significa que una de las sentencias es cierta. Si ambas sentencias son falsas, la sentencia entera es falsa. Sin embargo, cabe destacar que esto no significa que ambas sentencias no puedan ser ciertas; si ambas lo son, la condición or técnicamente se satisface ya que solo se necesita que una de ellas sea cierta, sólo que en este caso la condición se cumple dos veces. ¿Ya ves por qué te dije que puede ser un poco engañosa?

3. **not** expression

   Este simplemente sirve para saber si una expresión dada es falsa. De ser así, la sentencia entera es verdadera. Si la expresión es verdadera, entonces la sentencia entera es falsa. Esto puede ser un poco engañoso pero cuando veas el modo en que se usa en el código empezará a tener más sentido para ti, te lo prometo.

Ahora tenemos una buena base lógica para el resto de este capítulo. Entender el modo en que las computadoras ven la lógica es verdaderamente esencial para tener un entendimiento amplio de la lógica de la computadora. Quédate conmigo porque las cosas se van a poner un poco más confusas desde aquí, pero te he dado una buena base para el resto.

Condicionales

Aquí vamos a hablar de los distintos aspectos del flujo de control: la sentencia condicional. Antes de que avancemos más, debemos hablar de lo que es el flujo de control.

El flujo de control es el proceso mediante el que le das la capacidad de pensar a la computadora. Aunque esto puede sonar un poco dramático, es así. Todas las soluciones de flujo de control son formas bastante rudimentarias de inteligencia artificial, y si ves la estructura de los grandes programas de inteligencia artificial, verá que están llenos de estas estructuras de flujo de control.

Y es que las personas quieren programas inteligentes. No sólo quieren que los programas sean inteligentes, sino que sean inteligentes sí o sí. Un programa no inteligente se define como un programa que no tiene que tomar una decisión en ningún punto mientras se ejecuta. ¿Puedes imaginar lo aburridos que serían estos programas? Su único propósito sería abrirse, recibir unos datos y cerrarse. Estos programas no tienen mayor utilidad más allá de descargar archivos- y de hecho, hasta un buen protocolo de descarga requiere del desarrollo de estructuras de programas inteligentes por medio del flujo de control, a menos que estén en el directorio exacto en el que deben estar, trabajando con los archivos con los que vinieron.

Entonces, con eso en mente, es momento de hablar un poco más sobre el aspecto del flujo de control con el que estamos lidiando en este momento. En este momento estamos trabajando con la idea de los condicionales. ¿Qué es un condicional entonces? Una sentencia condicional es una sentencia que toma decisiones en el programa en base a las expresiones que brindaste y lidian con estas expresiones del modo predeterminado que escribiste.

Hay dos tipos distintos de sentencias condicionales que se usan principalmente: los condicionales pasivos y los condicionales activos. Son categorías que cree yo pero verás que es un modo útil de describir el flujo de un programa dado. El condicional pasivo es mucho más sencillo, así que nos vamos a enfocar en ese primero.

¿Qué es un condicional pasivo? Un condicional pasivo es una frase condicional que existe dentro del código. Cuando estás en la posición del pasivo condicional dentro del código, la expresión de la frase condicional se evaluará. Si la expresión es cierta, el código dentro de la frase condicional correrá. Si no es cierta, el bloque completo del código será pasado por alto. Esta es la naturaleza del condicional pasivo. Los condicionales pasivos se expresan como sentencias.

Una sentencia if puede escribirse en Python del siguiente modo:

```
if expression:
    # code goes here, indented once inward
```

Entonces, por ejemplo:

```
if myNumber > userNumber:
    print("My number is bigger!")
```

En el código anterior, estamos evaluando para ver si un número es mayor que otro, en este caso un número dado por el programador y un número del usuario final. Si llegamos a este punto del código y el número del programador no es mayor, el bloque entero del código se pasará por alto y el programa no dirá nada al usuario.

Claro que esto no es lo que se quiere siempre. A veces necesitas que algo suceda a toda costa. En estos casos puedes usar un condicional activo. Un condicional activo es lo contrario a un condicional pasivo ya que asegura que al menos una parte del código se ejecute si la condición puesta a prueba no es verdadera.

No siempre vas a tener que usar un condicional activo. Hay muchos casos en los que tendrás que usar condicionales pasivos en su lugar, tal como cuando quieres saber si algún dato existe o no o cosas de ese estilo. Sin embargo, conocer la diferencia entre ambos condicionales es importante, así como entender también su naturaleza y uso.

Los condicionales activos añaden lo que se conoce como sentencia else a tu condicional pasivo. Esencialmente, le da una salida a tu sentencia al darle algo que hacer a tu código en caso de que la condición resulte ser falsa. Esto es genial por obvias razones. Te da la posibilidad de tener un código de respaldo que corra si el condicional propuesto no es cierto.

Las sentencias else pueden añadirse de este modo:

```
if statement:
        # code goes here, indented once inward
else:
        # backup clause
```

Nótese que no puedes tener una sentencia else sin una sentencia if, ya que no tendría sentido. Vamos a darle otro vistazo al código que hicimos anteriormente para entender mejor el funcionamiento de estas cláusulas y del modo en que podemos usarlas en nuestro código:

```
if myNumber > userNumber:
        print("My number is bigger!")
else:
        print("My number is smaller.")
```

En esta variante del código anterior, cuando llegamos a esta sentencia condicional dentro del código, primero debemos evaluar la expresión en la sentencia if. Debemos ver si es cierta. Si fuese cierta, imprimiría "my number is bigger". Ahora, tenemos una cláusula adicional que puede actuar si resulta no ser verdadera- "my number is smaller". Si el número del programador no es mayor, el código no pasará por alto la sentencia- sino que va a ejecutar el respaldo y va a decir que el número es menor que el número del usuario. ¡Genial!

Puede estés pensando esto: "¡A veces voy a necesitar probar más condiciones! Por ejemplo, ¿qué tal si los números son iguales? ¡No hay ninguna cláusula para eso!" ¡Pero te equivocas! Hay una cláusula para eso. Estos programadores han pensado en todo.

Realmente puedes probar todas las condiciones que quieras con una sentencia condicional. Puedes añadir expresiones adicionales para probar por medio de la sentencia else if, abreviada como sentencia elif. Las sentencias else if se escriben igual que las sentencias if, pero están se encuentran entre las sentencias elfe e if y se usa la palabra clave elif en su lugar.

Nótese nuevamente que puedes tener una sentencia else if sin una sentencia if y una sentencia else.

Las sentencias if funcionan evaluando cada expresión una a una y luego actúan en consecuencia. Por ejemplo, si la expresión de la sentencia if no es cierta, entonces se evaluará la expresión de la sentencia elif. Esto puede pasar tantas veces como sea necesario. Si ninguna de las condiciones resulta ser verdadera, el programa saltará a la sentencia else.

Podemos añadir una cláusula a nuestros condicionales para que evalúen si un número es igual usando una sentencia elif:

```
if myNumber > userNumber:
        print("My number is bigger!")
elif myNumber == userNumber:
        print("Our numbers are equal!")
else:
        print("My number is smaller.")
```

¿Ya ves? Espero que empiece a ser clara la razón por la que esta es una parte tan fundamental y genial de la programación. Puedes hacer que tus computadoras empiecen a pensar e implementar su propia lógica en base a comparaciones de datos con las que influencias el programa. ¡Eso es increíble! Hay otro aspecto del flujo de control del que hablaremos, pero primero vamos a hablar de las listas.

Listas

En secciones anteriores de este libro hablamos de los tipos de datos y variables. Quizás no estaba tan claro en ese momento, pero a veces- incluso con un tipo de sistema tan robusto- no es suficiente para las aplicaciones que podrías necesitar. En estos casos puedes usar listas para expandir la funcionalidad general de tu programa. Tomemos por ejemplo un caso en el que quieres agrupar varios datos.

Puede que la razón de hacer esto no sea obvia de inmediato para ti (o puede que sí), pero en caso de que no sea así, voy a hacer una demostración. Supongamos que quieres hacer una lista de los nombres de los estudiantes de tu clase de programación. ¿Cómo lo harías? Hasta ahora sólo podemos crear variables para cada uno de ellos:

Student1Name = "Bill"
Student2Name = "Rita"
Student3Name = "Jim"

Esto continuaría ad nauseum, presumiblemente hasta que hayas listado todos los nombres de cada estudiante de la clase. Obviamente esto es poco práctico por obvias razones. Entonces, ¿cómo listas los nombres de todos los estudiantes de una vez? Tendrías que imprimir cada variable una a una. Además de eso, complicaría el proceso de introducir y cambiar las variables en cuestión ya que no sería claro cuál es cuál. Habría un sobreajuste de los nombres de las variables tal que no habría suficiente abstracción para hacer un cambio significativo en tu código.

¿Cómo se puede evitar totalmente esta situación? La respuesta es agrupar los datos. Habla por sí mismo realmente. Si dos datos son similares y van a ser introducidos en tándem con otro, entonces deberían estar lado a lado.

Esta idea y su implementación tienen su origen en el establecimiento de matrices unidimensionales en los primeros paradigmas de programación (así es, ¡los primeros programadores pensaron mucho en problemas como estos!). Las matrices unidimensionales funcionan de modo similar a las listas.

¿Recuerdas cuando mencioné que cuando creas una variable realmente estás creando una caja que contiene un valor en la memoria de la computadora, generalmente una del tamaño de los datos que intentas introducir? Esto explica verdaderamente el concepto tras la idea de las matrices unidimensionales.

El problema es que las computadoras realmente no juntan estas cajas de modo organizado. ¿Alguna vez has visto a alguien ordenando cosas y haciendo que las cosas encajen? No es una buena analogía pero se asemeja un poco, ya que en la memoria las cajas tienden a ser creadas automáticamente en la ubicación más inmediata y disponible. Las matrices unidimensionales aseguran que los datos se coloquen uno al lado del otro. La definición original de una matriz unidimensional es la asignación de memoria contigua (es decir, la creación de cajas que contienen datos una al lado de la otra) del tamaño de elementos e de tipo d. Luego se particionarían como las camas de un otel y se cerrarían. Las matrices tenían el tamaño perfecto para no desperdiciar memoria, y también permitían guardar datos contiguos. Un ganar-ganar. ¿Ves lo elegante que es la solución?

Las matrices unidimensionales te dan la habilidad de nombrar ésta área de datos contiguos y luego introducir los datos en ella. El nombre sería el que le pusieras y podrías introducir los datos con facilidad. Podrías introducir los datos en cualquier partición de tu matriz unidimensional, o inclusive podrías crear la partición y llenarla con los datos luego. Las matrices unidimensionales fueron extremadamente útiles en su momento.

De hecho, todavía puedes usarlas en Python si lo deseas, pero no hay razón para ello y ya no es recomendado por la comunidad de Python. La razón es que si necesitas una asignación tan justa de memoria, no deberías usar Python en primer lugar, y debo decir que estoy de acuerdo con esto. Las matrices unidimensionales han sido desplazadas por las listas en Python.

¿Cuál es la diferencia entre ambas? Bueno, las matrices unidimensionales tienen un gran problema. Ya que vienen pre-particionadas, sólo pueden guardar tipos de datos que declaraste (ya que los distintos tipos de datos requieren de tamaños distintos de partición) y sólo pueden guardar los datos que hayas declarado necesarios.

Las listas superaron esto. A pesar de que también se implementan en otros lenguajes como C++ por medio de la biblioteca plantilla estándar o en Java al importar el paquete de utilidades, Python es uno de los lenguajes que hace énfasis en las listas. Las listas difieren de las matrices unidimensionales en dos aspectos. Primero, tienen un tamaño dinámico. Pueden ser tan pequeñas o grandes según tu necesidad, y se expandirán o contraerán a medida que escribes el código. Esta es una de las ventajas de usar listas en general.

Las listas también pueden guardar varios tipos puesto que no tienen un tamaño de memoria fijo. Esto puede no ser inmediatamente útil pero mientras cojas más experiencia verás que puede ser bastante útil, especialmente cuando se importan datos, ya que simplifica el proceso en gran medida.

Las listas son la progresión de las matrices unidimensionales en muchos aspectos, y brindan un modo increíblemente sencillo e intuitivo de guardar datos. Declarar una lista en Python es sencillo. Primero puedes declarar una lista vacía y luego le añades los datos, ya que siempre puedes añadir los datos después:

myList = []

Sin embargo, también puedes iniciar una lista con datos.

names = ["Bill", "Rita", "Jim"]

¿Ves lo fácil que es? Pero hay más todavía, ¡apenas empezamos! Puedes añadir datos a las listas usando la función append. Esta añadirá cualquier información que designes a la lista. Entonces, digamos que un estudiante llamado Cory se unió a nuestra clase. Entonces, lo añadimos a nuestra lista de este modo:

names.append("Cory")

Ahora, si intentamos imprimir nuestra lista, este sería el resultado:

names["Bill", "Rita", "Jim", "Cory"]

Pero, ¿qué tal si queremos trabajar con un dato de esta lista? ¿Cómo hacemos esto? Primer necesitamos una definición. Un dato de una lista o de una matriz unidimensional se conoce como un elemento. Como verás, los elementos en una lista tienen su propia posición. Poseen índices. Puedes referirte a cualquier elemento de una lista al referirte a su índice. También hay funciones para hacer una búsqueda reversa, es decir, encontrar el índice del elemento al usar un dato. Sin embargo, eso está un poco más allá del enfoque con el que estamos trabajando en este momento.

Las computadoras son raras sin embargo, y por extrañas razones de las ciencias de la computación, las computadoras empiezan a contar sus índices desde 0. Entonces, si quieres referirte al primer elemento de una lista, deberías referirte al elemento de índice 0.

Puedes referirte a los elementos de una lista de este modo:

```
listName[index]
```

Entonces, si quisiéramos imprimir el segundo nombre de la lista names, podríamos hacerlo de este modo:

```
print(names[1])
```

Este se imprimiría como Rita. Y con eso ya tenemos un entendimiento bastante rudimentario de las listas del modo en que funcionan. Sin embargo, todavía queda algo más.

A veces debes remover un dato de una lista. ¿Cómo se puede hacer esto? Bueno, Python tiene la solución. Python tiene una palabra clave bastante útil llamada del que sirve para borrar datos. Para borrar un elemento de la lista, simplemente tienes que referirte a él usando la palabra clave.

Supongamos que Jim se salió de nuestra clase. Ahora debemos removerlo de la lista de nombres. ¿Cómo haremos esto? Simplemente usamos la palabra clave del y nos referimos a su índice. Puesto que es el tercer estudiante de la lista, su índice es 2.

```
del name[2]
```

Esto removerá a Jim de la lista. También haría que los índices de los estudiantes delante de Jim retrocedieran una unidad. Esto significa que Cory estaría en la tercera posición ahora. Ten esto en mente cundo uses esta palabra clave ya que cualquier código que dependa de las posiciones de sus elementos y no esté escrito para que escale, puede tener errores luego de que se elimine algún elemento en un conjunto.   Usualmente esto sólo es un problema con bases de código grandes y no tan bien gestionadas, así que si quieres empezar con esto en mente, no vas a tener muchos problemas.

Con esto ya hemos definido la metodología básica para pensar en las listas y sus distintos usos en Python. En la próxima sección de este capítulo vamos a empezar a pensar en el próximo aspecto del flujo de control- así como también vamos a ver cómo se pueden aplicar las listas a ellos de un modo bastante importante.

Bucles

Finalmente, luego de una larga charla sobre conceptos importantes de la ciencia de la computación, hemos llegado al otro extremo y ahora somos capaces de hablar de bucles con mayor profundidad. La pregunta que sigue es: ¿Qué es un bucle? ¿Qué relevancia tiene para nosotros como programadores?

Si haces esa pregunta es porque todavía no estás pensando como un programador, y está bien, eso pasa. Recuerda que la programación es la abstracción absoluta de todo lo que hace la computadora, así como la abstacción por extensión de todo lo que hace el usuario de una computadora. Entender los bucles de este modo te ayudará a volverte un mejor programador, y te hará más capaz de escribir mejores programas.

Con esto en mente, ¿qué es un bucle? Un bucle es un método para repetir algo una y otra vez bajo algunas condiciones predefinidas. Esto puede parecer algo tonto e innecesario al comienzo, pero quédate conmigo ya que pronto entenderás por qué es necesario. Pensemos en una ocasión en la que usamos la lógica del bucle, aunque no pensamos en este hecho mucho. Por ejemplo, cuando escribimos una palabra en un trozo de papel a la antigua.

Primero piensas en la palabra. Luego empieza el bucle. Lo primero que haces es pensar en la primera letra de la palabra. Luego de eso colocas tu lápiz en el papel y escribes la letra. Luego de eso usas de nuevo tu lápiz y el proceso se repite hasta terminar la palabra. En cada iteración del bucle revisarás si la palabra ya está terminada o si no lo está, y luego repetirás el proceso de buscar otra letra, escribirla y volver a usar tu lápiz.

Verás que, a pesar de que entender un bucle puede resultar algo confuso, la realidad es que la lógica del bucle está en muchas cosas y tendemos a subestimar el impacto que verdaderamente tiene en nuestra vida diaria. Como resultado, también tendemos a subestimar su prevalencia en programación, a pesar del hecho de que la lógica del bucle constituye gran parte de la programación.

En programación, los bucles se manifiestan de dos maneras principales, cada una con distintos propósitos: bucles while y bucles for. En Python, los distintos propósitos de estos bucles están bien diferenciados. Sin embargo, si ves lenguajes como C++ y Java u otros similares, es mucho más difícil decir qué funciones tienen cada uno de estos bucles siendo un programador nuevo. A pesar de que está un poco más claro, igualmente te voy a dar una buena explicación de la diferencia en la lógica de estos dos bucles y el modo en que funcionan para que puedas tener un mejor entendimiento de ellos como programador.

Primero vamos a enfocarnos en el bucle while. El bucle while es conceptualmente sencillo, relativamente. Lo que hace el bucle while es verificar si algo es verdadero o no en cada iteración del bucle. Si resulta ser verdadero, el bucle continuará. Si resulta no ser verdadero, el bucle terminará y el código pasará a la siguiente parte.

Conceptualmente el bucle while es bastante sencillo. Sin embargo su uso puede ser un poco más engañoso. Luego hablaremos de eso. Por ahora vamos a hablar en la sintaxis del bucle. El bucle while puede escribirse así:

```
while expression:
    # loop logic inside, indented once inward
```

Entonces, supongamos por ejemplo que queremos contar desde 1 hasta 5.

Primero creamos nuestra variable:

```
i = 0
```

Luego creamos los términos de nuestro bucle:

```
while i < 5:
```

Luego colocamos la lógica en nuestro bucle:

```
while i < 5:
    i += 1 # increment i by 1
    print(i) # print i out, whatever its value is
```

En la quinta ejecución del bucle, el número llegará a 5. Luego de ejecutarse por quinta vez, el bucle evaluará su condición. Verá que ahora i es igual a 5 y por lo tanto i ya no es menor que 5, y como resultado el bucle terminará. Es una implementación bastante sencilla y fantásticamente útil.

La verdad es que el bucle while no es el mejor modo de trabajar con los datos de esta forma. El bucle for está mejor capacitado para estos propósitos. El bucle while tiene un propósito bastante peculiar y necesario: puedes usarlo cuando no estás seguro de cuánto tiempo va a tener que correr tu bucle.

Algunas cosas no son verificables. El comportamiento del usuario es una de estas. Hay otros factores también. Algunas veces habrán aspectos aleatorios que influenciarán tu programa. Cuando no estés seguro de cuántas veces va a tener que correr tu bucle o cuánto tiempo va a tomar algo, tu mejor jugada es usar el bucle while para "esperar".

Es por esta razón que los bucles while son usados comúnmente en lo que se conoce como "game loop". El game loop es una implementación específica del bucle while que es bastante única, y su nombre es bastante apropiado.

El game loop no sólo funciona para juegos, aunque es bastante usado en los juegos por su estructura. Los juegos son sencillos. El mismo proceso se repite una y otra vez hasta que alguien gana o pierde. Cundo esa persona gana o pierde, el juego se acaba. Sin embargo, la falta de previsibilidad de cuándo llegará el "momento" hace que el bucle while sea un candidato perfecto para la implementación de este tipo de cosas.

El game loop es un bucle while que revisa una variable booleana en cada ejecución. Esta variable booleana puede ser hasWon, y el bucle puede ejecutarse siempre que hasWon sea falsa. Una vez que hasWon sea verdadera, el bucle se terminará y luego se ejecutará la siguiente parte del código- que generalmente se trata de una pantalla de juego terminado como un "Game Over".

La variable será marcada como falsa antes de que el bucle empiece, y esa falsedad se revisará cada vez que el bucle se complete. Dentro de la lógica del bucle habrá una (o varias) condiciones para ganar que cambiarán esta variable para que pase a ser Verdadera. Cuando la variable sea verdadera, el bucle evaluará su expresión y dirá "Oh vaya, esa variable ya no es falsa así que este bucle está terminado." Luego el juego pasará a lo que sea que siga.

Por supuesto, como había dicho, el juego no es el único ejemplo. También puede ser un gran modelo para un menú principal en un programa cuya condición de salida fuese que el usuario introdujera la palabra "Exit" o el número 0 o algo por el estilo. Las condiciones pueden variar pero la implementación del game loop es siempre la misma.

Ahora vamos a pasar al bucle for. El bucle for va en paralelo al bucle while ya que sirve para el propósito opuesto. El bucle loop sirve para la iteración, y en particular para la iteración de un gran conjunto de datos del que conoces su extensión y tamaño. Este es el propósito principal del bucle for y es el nicho en el que encaja.

También puede que ahora sea clara la razón por la que hablamos tanto de las listas. Las listas y los bucles for van de la mano ya que los bucles for te dan la funcionalidad para trabajar los datos contenidos en las listas.

Los bucles for se componen de dos partes esenciales, al menos en Python: un iterador y algo sobre lo que se va a iterar. El iterador es un valor que se establece en la declaración del bucle for que toma la identidad del valor actual del rango sobre el que se va a operar. Si es una cadena de caracteres, el iterador se vuelve un valor de cadena de caracteres. Si es un entero, el iterador se vuelve un entero. El valor del iterador puede tener cualquier nombre que desees.

La cosa sobre la que se va a iterar puede variar. La mayoría de las veces será algo dentro de las líneas de una lista, conjunto o diccionario. En otras ocasiones será otra cosa- una cadena de caracteres, por ejemplo, puede tener cada palabra dentro de ella iterada y separada por espacios. Con eso dicho, podrías definir un rango numérico usando la función range integrada de Python. Esta función sirve para la definición de rangos numéricos, tal como te dije. Se dan dos números- el valor inicial del rango y el valor final del rango. Si solamente se da uno, el rango empezará en cero y llegará hasta ese número.

Un bucle for se define del siguiente modo:

```
for iterator in iteration:
    # code goes here, indented once inward
```

No es difícil. Entonces, supongamos que quieres imprimir todos los nombres de la lista que establecimos. ¿Cómo podrías hacer esto?

```
for name in names:
    print(name + "\n")
```

Una vez más, no es muy difícil, pero es un conocimiento extremadamente útil, y a medida que pase el tiempo, lo usarás cada vez más y más especialmente en la entrada y salida de archivos.

Métodos

Esta es una de las últimas cosas que debemos cubrir en el libro, y es una parte esencial de la programación en general. Se trata del concepto de métodos. Los métodos tienen distintos nombres. Su nombre más común es el de funciones. Ciertamente yo empecé a programar con lenguajes que preferían usar el término "función", así que ese es el término que yo más uso. Perdóname si lo uso en lugar de "método".

Sin embargo, funcionalmente (jaja) son lo mismo a fin de cuentas. Ambos brindan la misma estructura de soporte a tu código y te permiten crear un conjunto de código más limpio en general. Habiendo dicho esto entonces, ¿qué es exactamente un método?

Probablemente sería más sencillo entender los métodos si nos referimos a ellos por su antiguo nombre, es decir, como funciones. El término de "funciones" es el más usado en lenguajes más antiguos como C y C++ que tienen paradigmas de programación funcionales o procedimentales , siendo método el término preferido por los lenguajes orientados a objetos y lenguajes de scripts.

El término función traiciona el origen del concepto; piensa en tus cursos de matemática de la secundaria o de la universidad cuando trabajaste (probablemente) con la forma funcional $f(x)= y$. ¿Qué pasaba cuando trabajas con esas funciones? ¿Cuál era la idea central tras ellas?

La idea principal era la conexión entre el concepto de f(x) y "y", dónde *y* era el resultado de la función *f(x)*, y era por tanto la cosa que era manipulada dentro del contexto real de la función. Si escribimos, por ejemplo, la función *f(x) = 2x+4=y*, entonces *x* obviamente sería la variable manipulada en la función. *f(2)* indicaría que la función evaluada sería *2(2) +4*, lo que significa que el valor final "*y*" de la función sería 8. Este era el valor general de la función.

Notarás que las funciones brindan medios para abstraer ecuaciones. Esta es su función en programación también. Pero luego ahondaremos más en esto. Hay muchas similitudes entre las funciones matemáticas y las funciones de la ciencia de la computación. Por ejemplo, la función que acabamos de tratar tiene un solo argumento. Las funciones en las ciencias de la computación tienen argumentos también. ¡Pero tampoco necesitan de uno! Las funciones en las ciencias de la computación pueden tomar 0. 1 o múltiples argumentos y funcionarán perfectamente bien.

Estos argumentos pueden ser manipulados en el cuerpo de la función para obtener un resultado determinado, tal como x era manipulado en la función f(x). Este resultado puede ser visto como el valor final de la función, al igual que "y" era el valor final de f(x). Los programadores, sin embargo, no prefieren este término; prefieren el término valor de retorno. Al igual que una función matemática sólo puede dar un valor final, una función en programación solamente puede dar un valor de retorno particular. Además, al igual que una función matemática no puede ser indefinida, ¡una función en programación no tiene que dar un valor de retorno necesariamente! Podrías llegar al final de la función y ver que no hay nada. Esa es la naturaleza de las funciones en programación.

Entonces, ¿para qué sirven las funciones en programación si tienen un estándar de uso tan peculiar? Pueden tomar muchos argumentos, o pueden no tomar ninguno. Pueden regresar algún dato, o pueden no regresar ninguno. ¿A qué van con todo esto?

Bueno, la respuesta sencilla es que las funciones en programación no solo se limitan al propósito de retornar información. En su lugar, las funciones en programación tienen el papel particular de dividir el código. Si algo se reutiliza repetidamente, deberías colocarlo en su propio método y usar luego el método en tu código según sea necesario.

Supongamos, por ejemplo, que quieres estandarizar el cálculo del área de un rectángulo. En nuestro código hacemos esto a menudo, y resulta bastante pesado. Queremos reemplazar todo este código con algo que nos de las dimensiones del rectángulo y ya. ¿Cómo podemos hacer esto?

Bueno, ¡la manera más sencilla de hacerlo es definir un método! Definir métodos es extremadamente sencillo en Python. Se pueden definir así:

```
def function_name(arguments, if you have any):
    # code within
    return value # if there is a return value
```

Entonces, para escribir una función que calcule el área de un rectángulo, escribimos lo siguiente:

```
def areaRec(l, w):
    return l * w
```

Esto regresará el valor de la longitud dada multiplicada por el ancho. Luego puedes hacer lo que quieras con este valor al igual que harías con cualquier otro. Por ejemplo, puedes guardarlo o imprimirlo en la consola.

```
myArea1 = areaRec(3, 7)
myArea2 = areaRec(5, 4)

print(myArea1)
print(myArea2)
```

¿Ves lo simple e intuitivo que es todo esto? Las funciones ofrecen una manera genial de dividir tu código en fragmentos si sabes que algo va a suceder repetidamente. Es una de las mejores maneras en que puedes hacer que tu código avance. La idea de multiplicar la longitud por el ancho para encontrar el área de un rectángulo es tan tonta que puedes pensar: "bueno, podrías haber hecho el cálculo tú y así te ahorras tiempo", y así es, es cierto, sin embargo, este es un buen ejemplo para ilustrar la idea de los métodos y el modo en que pueden usarse. No se supone que deba ser algo increíblemente difícil. El propósito de los métodos se volverá más claro en el futuro, cuando trabajes con paradigmas de programación más avanzados.

Programación Orientada a Objetos

La programación orientada a objetos es la última cosa que cubriremos en esta sección del libro antes de seguir avanzando. Constituye gran parte de cualquier paradigma de programación y cualquier cuerpo grande de código va a incluir programación orientada a objeto de un modo u otro. El grado en que lo incluyan varía de acuerdo al programa, pero la mayoría de los programas se beneficiará en cierta medida de la implementación de los paradigmas de programación orientada a objetos.

Eso hace que surja esta pregunta : ¿Qué es la programación orientada a objetos? Bueno, de hecho es una pregunta bastante complicada de responder. La programación orientada a objetos es una manera de programar. Es más que todo un paradigma de programación. Y sí, hay modos de programar. Un lenguaje puede ser más orientado a objetos, más funcional, más imperativo, y así. Estos pequeños términos definen gran parte de los programas y el modo en que funcionan y son escritos.

Pero ya basta de eso- vamos a enfocarnos en lo que es la programación orientada a objetos y lo que significa. La programación orientada a objetos tiene una gran historia. Ha estado de moda desde los años 80 y se ha vuelto más popular a medida que pasa el tiempo. Una de las razones por las que se ha vuelto tan popular es la misma por la que Python se ha vuelto tan popular- las computadoras se están volviendo más fuertes y capaces. Tu código no tiene que ser extremadamente sencillo y eficiente ya. Se puede sacrificar algo del funcionamiento para que la escritura del código sea fácil de mantener a largo plazo y sea fácil de crear. Para muchas compañías, la habilidad de hacer estas cosas puede ser más importante que la capacidad de escribir un código eficiente en primer lugar, puesto que tener un código fácil de leer y de mantener les ahorra dinero a largo plazo.

Esto podría hacer que la programación orientada a objetos suene como algo ineficiente. Este no es necesariamente el caso. La programación orientada a objetos se trata de usar varias ideas filosóficas para crear conceptos abstractos de la programación en general, e implementar luego estas ideas filosóficas en la programación para hacer que sea sencillo trabajar a largo plazo.

El primer gran lenguaje en ser lanzado con la programación orientada a objetos en mente fue Java a principios de los 90. Cuando el lenguaje de programación de Java fue desarrollado y lanzado, fue lanzado con estas filosofías en mente: abstracción, encapsulación, polimorfismo, herencia, modularidad y extensibilidad.

Estas son más fáciles de comprender si entiendes la programación orientada a objetos de manera básica. Ahora vamos a examinar la programación orientada a objetos en el abstracto. La programación orientada a objetos se trata de explorar y estandarizar las relaciones entre cosas con propiedades comunes. Esa es la manera más sencilla de comprenderla. También consiste en expresar la relación entre clases y objetos.

Empecemos con las clases. Las clases son la piedra angular de la programación orientada a objetos. A pesar de que hay muchos lenguajes orientados a objetos que no necesariamente tienen a las clases como su piedra angular, el modelo de clase es igualmente usado.

Muchas cosas son similares a entre sí. Cuando las cosas tienen algo en común, puedes agruparlas de acuerdo a sus propiedades similares. Empecemos con los mamíferos. ¿Qué tienen los mamíferos en común?

Bueno, todos los mamíferos dan a luz. Producen leche para alimentar a sus crías. Tienen columna vertebral. Tienen un nombre también, lo que es bastante importante. Todos tienen 4 patas generalmente.
Usando esto podemos empezar a crear una idea básica de lo que es

un mamífero y usarla para definir un conjunto de propiedades estándar que todo mamífero tiene. Vamos a hacer una lista:

Los mamíferos:

- Tienen columna vertebral
- Tienen nombre
- Tienen nombre científico
- Tienen 4 patas
- Pueden producir leche

Perfecto, eso es un comienzo genial. Ahora que conocemos estas cosas y son estándares que sirven para clasificar a los mamíferos, podemos crear una clase de mamíferos que tengan todas estas propiedades. Bastante sencillo, ¿verdad?

En programación, una clase es una definición abstracta de una estructura que usa muchos trozos de datos pequeños para definir algo más grande.

Puedes definir clases en Python de este modo:

```
class ClassName(inheritor):
    def __init__(self, args):
        # initialization data
        # defines properties when the object is
        created
```

Entonces, para definir una clase de mamíferos podríamos hacer esto:

```
class Mammal:
    def __init__(self, name, speciesName):
        self.name = name
        self.speciesName = speciesName
        self.legs = 4
        self.hasBackbone = True
```

Puedes definir también los métodos que todos los objetos de tu clase serán capaces de hacer.

```
class Mammal:
    def __init__(self, name, speciesName):
        self.name = name
        self.speciesName = speciesName
        self.legs = 4
        self.hasBackbone = True

    def produceMilk():
        # logic goes here
```

Este es un punto de inicio bastante importante, pero no es lo único sobre lo que vamos a hablar. La siguiente idea sobre la cual vamos a hablar son los objetos. Los objetos son manifestaciones de clases.

Esencialmente, puedes imaginar la clase como la definición; mientras que los objetos son las cosas reales. Los objetos se crean y se definen al igual que las variables. Vamos a definir un nuevo Mamífero, el león:

lion = Mammal("lion", "Panthera Leo")

Con esto hemos creado un objeto. ¿Ves lo fácil que es? Los objetos pueden realizar muchas funciones en su clase.

lion.produceMilk()
# lion starts producing milk

Como puedes ver, la relación entre clases y objetos es relativamente fácil de entender, pero vale la pena tomarse un tiempo para entenderla en todo su contexto.

Entonces, habiendo dicho todo esto, es tiempo de enfocarnos en algo un poco complicado. ¿Qué es la programación orientada a objetos? ¿Cuáles son las ideas? Bueno, podemos dar una definición de la programación orientada a objetos si analizamos la primera filosofía central del a programación orientada a objetos: la abstracción.

La abstracción es la idea de que las cosas deberían ser más sencillas y abstractas, desde el hardware de la computadora, más difíciles de confundir y más fáciles de entender para los humanos. Las computadoras, como mencionamos anteriormente, no siempre han sido sencillas de entender para los programadores, ni para nadie. Ha sido un proceso bastante gradual el de crear computadoras sencillas que el hombre común pueda entender, y ha sido un proceso lento a veces.

Por lo tanto, la abstracción la esencia de la programación orientada a objetos. Es la habilidad de hacer interfaces sencillas y cosas fáciles de trabajar y entender en un lenguaje sencillo durante largos períodos, así como también crear infraestructura abstracta para tus programas, es algo esencial para el desarrollo de programas a largo plazo. Puedes verlo como la relación costo- beneficio Keynesiana pero en programación. Por una parte, el gasto del sistema puede ser un poco mayor y el código puede ser un poco más verboso al inicio. Sin embargo, al final paga debido a la facilidad de mantenimiento. También, cuanto más código se añada a un sistema orientado a objetos, menos código necesitarás en el futuro. Esto se debe a que constantemente estás abstrayendo conceptos, y cuando más abstraigas las cosas, más fácil será crear un sistema cohesivo a partir de esas abstracciones.

Considera el modo en que hemos trabajado con las funciones antes. Las funciones pueden verse como un tipo de abstracción ya que estás tomando un código y lo estás haciendo extremadamente reutilizable. En este caso puedes ver que la abstracción es algo bueno. En lugar de tener que redefinir constantemente la misma cosa, puedes definirla una vez como un concepto abstracto y ya está.

También puedes ver a plena vista la idea de encapsulación. Esta es otra de las consideraciones principales tras el desarrollo de los paradigmas de la programación orientada a objetos. La idea de la encapsulación dice que las cosas deberían juntarse. Las cosas que se juntan deberían mantenerse ordenadas y limpias. Esta es una de las consideraciones principales de la programación orientada a objetos, y puedes verla como la manera sencilla en que las propiedades de las clases se ordenan.

Lo siguiente de lo que hablaremos es de la idea de la herencia. La herencia es otro concepto fundamental tras la programación orientada a objetos, y la razón por la que será extremadamente sencilla mientras trabajamos con todo. La herencia es la idea de que algunas cosas están conectadas de manera innata y se derivan de otras cosas. Como resultado, deberías ser capaz de crear sistemas jerárquicos en los que una cosa puede derivarse de otra cosa y ésta a su vez puede derivar en otra cosa y así sucesivamente hasta que lleguemos al final de la escalera. La realidad es que el mundo existe en una mezcla de estos paradigmas jerárquicos, así que tiene sentido que seamos capaces de expresarlos en nuestros programas.

Cuando implementas la herencia en tu código orientado a objetos, básicamente reconoces que una clase puede tomar rasgos de otras. Esto es cierto. Veamos nuestra clase de mamíferos. Es genial, eso es seguro, ¿pero no podemos subdividirla?

Los perros son mamíferos, por ejemplo, y cuando defines a un perro, seguramente tendrá todas las propiedades de la clase mamífera. Pero eso tampoco es suficiente. Los perros tienen más propiedades que debes definir. Por ejemplo, los perros ladran, lo que significa que debemos definir un método adicional. Los perros tienen raza, que es una especificación adicional que los mamíferos no tienen. Además, cuando defines a un perro, ya sabes se trata de un perro así que no debes darle un nombre ni un nombre científico. ¿Ves lo que digo?

Entonces, los perros heredan propiedades de la clase mamífera de un modo innato. Ahora debemos expresar eso en nuestro código. Puedes expresar estas relaciones de herencia al citar una clase como una clase base cuando defines tu función de la siguiente manera:

```
class Dog(Mammal):
    # code within
```

Ahora vamos a definir nuestra clase perro para que puedas ver cómo funcionaría.

```
class Dog(Mammal):
    def __init__(self, breed):
        self.name = "dog"
        self.speciesName = "canis lupus"
        self.breed = breed
```

```
def bark():
    print("Bark!")
```

Ahora puedes definir nuevos perros con muchas propiedades ya definidas por ti, y sólo debes decir su raza:

```
sammy = Dog("Sammy")
```

¿Lo ves? Es súper sencillo. Además, ya que es una clase heredada, puede hacer todo lo que sus clases parentales pueden hacer:

```
sammy.produceMilk()
    # valid command
sammy.bark()
    # Bark!
```

Espero que empiece a ser más claro el papel que juega la herencia en cualquier paradigma de programación orientada a objetos.

El siguiente aspecto que discutiremos es el polimorfismo. Una vez que hayamos hablado esto llevaremos 4 de 6- ¡Fabuloso! El polimorfismo es la idea de que las cosas pueden tomar distintas versiones dependiendo del modo en que sean usadas. Esto puede parecer algo de sentido común pero, aunque no lo creas, el polimorfismo no se consideraba a menudo antes del advenimiento de la programación orientada a objeto.

La forma más común de polimorfismo es el método overloading. La función overloading es cuando tienes dos métodos con el mismo nombre pero tienen distintos argumentos. Puesto que tienen argumentos distintos, pueden ser usadas y ejecutadas de maneras distintas. Consideremos por ejemplo un método que encuentra el área de un cuadrado si se le da un parámetro pero encuentra el área de un rectángulo si se le dan dos:

```
def findArea(length):
    return length * length


def findArea(length, width):
    return length * width
```

Es una idea sencilla, pero hace que nuestro código sea más fácil de leer y de entender desde el lado humano. Es intuitivo y tiene mucho sentido.

La siguiente cosa de la que vamos a hablar es la idea de la modularidad. La modularidad es una gran pate de la programación orientada a objetos y es una de las razones principales tras todo esto. La modularidad es la idea de que las cosas pueden descomponerse y separarse. Cuando haces que tu código sea modular, estás tratando de hacer que sea descomponible en segmentos y que dichos segmentos puedan reutilizarse o usarse en distintos contextos. Además, cuando tu código es modular, significa que hacer un cambio en un módulo no implica rediseñar todo tu código. Aunque esto es inevitable en algunos casos, generalmente, el código que está bien escrito no requiere de esto. El verdadero código modular es modular para que sus módulos individuales puedan ser cambiados mientras que el resto de los módulos siguen funcionando. En otras palabras, cada módulo es un engranaje de una máquina más grande.

La última idea de la programación orientada a objetos que discutiremos es la idea de extensibilidad. La programación orientada a objetos se basa en la idea de que tus ideas deberían ser fáciles de exportar y usarse como un módulo en el código de alguien más, deberían tener el marco correcto para esto. En esencia, este es el inverso resultante de la modularidad. El código no sólo debería tener modularidad, sino que también debería ser fácil de añadirse.

Todos los aspectos orientados a objetos se tratan de escribir código que sea fácil de mantener y usar durante un largo período de tiempo. Aunque no siempre es así de sencillo, los programadores más concienzudos logran esta meta. ¿Pero qué lugar ocupa la programación orientada a objetos en Python?

Bueno, en realidad Python no fue creado para grandes proyectos. Sin embargo, cuando estos proyectos llegan, son escritos de manera orientada objetos, en cierta medida. A pesar de que Python tiene un soporte innato para los paradigmas de programación por procedimientos, tiene un buen soporte para los paradigmas orientados a objetos también. Cuando escribes un guion con una estructura complicada que esperas volver bastante, la programación orientada a objeto brinda una solución obvia a un problema de naturaleza poco complicada.

Cierre

Con eso hemos culminado el capítulo más largo de este libro. Entonces, ¿por qué pasamos tanto tiempo hablando de esto en nuestro libro sobre Rasbperry Pi? Sencillamente porque el Raspberry Pi es la herramienta de un inventor. La capacidad para trabajar y entender el código de Python es fundamental ya que es el lenguaje más usado en el Raspberry Pi, tal como discutimos en el capítulo anterior. Mientras que es beneficioso aprender y trabajar con otros lenguajes además de Python, Python es por lejos el más común.

El mero hecho de saber programar en Python te abre las puertas a todo lo que se puede hacer con tu Raspberry Pi en gran medida. No estás limitado a trabajar con el código de otras personas. En su lugar, puedes escribir tus propios proyectos, hacer tu propios gadgets y hacer tus propias cosas. También puedes hacer cambios significativos al código de otras personas para que se adapte a tus necesidades (aunque no debes apropiarte de ese código, eso es terrible).

En el siguiente capítulo vamos a hablar sobre a dónde ir ahora, luego de discutir todo lo que hablamos hasta el momento.

Preguntas de Repaso

1. ¿Qué es Python? ¿Por qué es ideal para usarse con el Raspberry Pi?

2. ¿Cómo configuras tu Python?

3. ¿Cuáles son los diferentes tipos de datos que puedes usar en Python?

4. ¿Qué son las matrices unidimensionales? ¿Por qué su uso no se recomienda en Python?

5. ¿Por qué son importantes los comentarios?

6. ¿Qué es el casting?

7. ¿Qué es la programación orientada a objetos? ¿Cómo puedes usarla de manera efectiva y eficiente?

Capítulo 5: A dónde ir Desde Aquí

En este punto puede que tengas un par de preguntas. En nuestro camino, hemos pasado por varias cosas complicadas y hemos aprendido a programar en Python, lo que es bastante útil. Pero ahora, ¿qué puedes empezar a hacer? ¿A dónde puedes llegar desde aquí? Este capítulo se va enfocar en encontrar una respuesta satisfactoria a esa pregunta, ya que la esa pregunta es bastante difícil de responder.

La razón por la que es tan difícil de responder es porque no hay una respuesta clara. Todo depende de lo que quieras hacer. Sin embargo, hay una gran cantidad de cosas que puedo recomendarte, así que empezaré por eso.

Lo primero que te recomiendo es que encuentres algunas comunidades dedicadas al Raspberry Pi en general. Este es un beneficio tremendo ya que estarás rodeado de personas que tienen tus mismos gustos. Hacer esto te dará mucha ambición para seguir avanzando en la programación del Raspberry Pi en general, y para lograr tus objetivos.

Personalmente te recomendaría que encuentres un proyecto que realmente te emocione y luego, pasa mucho tiempo trabajando en ello. Vas a tener traspiés en el camino inevitablemente, y cuando eso suceda, puedes tomar ventaja de la comunidad y hacer preguntas allí. Aquí es dónde la comunidad empieza a ser verdaderamente útil; cuando las cosas van mal, pueden hacer que vayas en la dirección correcta. Es imposible exagerar lo importante que es para ti como principiante en programación, especialmente por la arquitectura única del Raspberry Pi.

Esto tiene otro beneficio que no es tan evidente: también vas a ver los errores que otros cometen. El hecho es que, cuando cometemos un error, tendemos a reafirmarlo más. Vemos que las cosas se hacen bien siempre, pero cuando hacemos algo mal, lo sentimos mucho más que cuando lo hacemos bien. Realmente es psicología básica. Sin embargo, cuando cometes un error y eres corregido, o cuando vez que alguien es corregido por algo que hizo mal y es relevante para ti de un modo u otro, es probable que internalices lo que estuvo mal y que entiendas mejor cómo solucionarlo. Esto es extremadamente importante cuando estás aprendiendo a programar.

El punto es que no solamente estás aprendiendo a programar. Estás aquí porque escuchaste del Raspberry Pi y quisiste aprender todo lo que podrías hacer con él. La realidad es que si pasas mucho tiempo viendo estos proyectos geniales, va a llegar un punto en el que vas a tener algo de inspiración y vas a querer hacer algo por tu cuenta de lo que te puedas enorgullecer y decir que fue hecho completamente por ti. En ese momento, va a ser muy importante que recibas el feedback de la comunidad.

Además de todo eso, te recomendaría que intentes mejorar tu programación en general. Ningún programador tiene un solo propósito y ningún proyecto es bueno por sí sólo. Durante la programación de un proyecto dado, siempre aprenderás cosas que no sólo aplican a ese proyecto particular sino que aplican a los proyectos en general, y al ser capaz de obtener ese conocimiento y diversificar el código en el que trabajas, terminarás aprendiendo muchos otros conceptos. Por ejemplo, a pesar de que tengo un interés particular por los proyectos del Raspberry Pi que se relacionan específicamente con el procesamiento de lenguaje natural y el análisis de código abierto, yo no habría investigado estos intereses particulares o habría logrado saber tanto de lo que sé de ellos sin el contexto adicional de trabajar en otros proyectos. Y eso no es todo: un buen programador es un buen programador, y un buen programador no es un caballo de un solo truco. A pesar de que se pueden especializar en una cosa u otra, la programación se basa en una gama de habilidades que los programadores usan y que desarrollan de una u otra forma, como saber dónde buscar información, cómo leer APIs , cómo implementar el código y cómo saber lo que vale la pena y lo que no. En el camino aprenderás muchos otros conceptos, tales como conceptos de biología en caso de que trabajes con el riego automático de las plantas, de lingüística en caso de que trabajes con el procesamiento de lenguaje natural, y de ciencias de la computación sin importar con lo que estés trabajando.

Como resultado, abrirte a varias ideas y distintas disciplinas es una gran idea ya que te permite crear una noción clara de lo que estás haciendo en todos los aspectos, y también crea disciplina como programador. También debes asumir el reto de trabajar con el código de otras personas como como programador nuevo. Este es el mejor modo de aprender las mejores convenciones de la programación en general. Todo lenguaje y comunidad tiene sus propias convenciones de programación. Por ejemplo, la comunidad de Python se enfoca en hacer que su código sea Pythonico, mientras que la comunidad de Java hace más énfasis en crear un código pragmático y bonito. Hay muchas más subdivisiones inclusive, pero al final, exponerte a estas influencias y aprender más acerca de los distintos modos de programar en general será un impulso increíble para ti como programador, lo que resultará en una mejora increíble para ti como Inventor que usa el Raspberry Pi.

Este libro hace gran énfasis en la programación, pero el punto es que la programación es fundamental para trabajar con el Raspberry Pi si quieres hacer tus propios proyectos o actualizar el proyecto de alguien más. Sin ese conocimiento esencial, no podrás hacer nada de lo que se puede hacer con el Raspberry Pi. ¡Espero que entiendas ahora la razón por la que este libro se preocupa tanto porque aprendas a programar!

Proyecto Final: Python Game

Para culminar este libro, te presentamos un proyecto sencillo de Python que puedes realizar para mejorar tus habilidades de Python y mejorar en la programación de tu Raspberry Pi en consecuencia.

El juego que programarás es un programa RTD- roll the dice (tira los dados).

Acá están las mecánicas para el juego:

- El número generado debe ser aleatorio. Consejo: Usarás un módulo determinado para esto. ¡Investiga un poco!

- El número mínimo debe ser 1. El máximo debe ser 6.

- Debe haber una entrada de usuario que pregunte si el dado debería lanzarse de nuevo o no.

- Cada vez que se lance el dado, su resultado debe ser un número diferente comprendido entre el mínimo y el máximo.

¡Diviértete programando esto! Es bastante sencillo realmente, ¡buena suerte!

Conclusión

Gracias por llegar al final de Raspberry Pi, esperamos que haya sido informativo y que te haya brindado todas las herramientas que necesitas para lograr tus metas.

Ya hemos discutido a dónde ir desde aquí. Ahora quiero darte unas últimas palabras de ánimo. Has pasado por el camino de la frustración, y hemos hecho que pasaras por el a propósito. Ten en cuenta que a medida que avances, inevitablemente te sentirás frustrado por un código que no funciona o porque tus aparatos electrónicos no funcionan como quisieras.

A veces vas a querer quitarte el cabello. Esto es totalmente normal y es parte del proceso de aprendizaje. No vas a ser un programador genial de un día para otro, y ciertamente tampoco vas a crear una configuración de hardware perfecta si no tienes la habilidad necesaria. Recuerda que debes seguir avanzando y aprendiendo.

Se humilde al aproximarte a las cosas. No tengas miedo de equivocarte ni pienses que no eres tan capaz como pensabas, y pide ayuda a las comunidades como hablamos en el capítulo anterior. Si quiere seguir haciendo esto, eventualmente llegarás al otro lado estando más preparado y probablemente con un gadget que si funcione.

El Raspberry Pi es una de las piezas de tecnología más geniales que existen y puede hacer muchas cosas, pero también puede ser realmente frustrante para el programador ya que puede hacer todo lo que el programador sea capaz de hacer que haga. No dejes que esto te desanime; haz que te anime más bien. Entiende que si intentas programar el Raspberry Pi y hacer proyectos geniales, vas a encontrarte con dificultades a veces. Tienes que seguir avanzando e intentar volverte un mejor programador.

Al final crearás algo realmente genial de tu propiedad. Cuando lo hagas deberías publicarlo en las comunidades a las que te uniste y ver qué opinan. Probablemente las personas serán amables y te dirán cuán limpio es, y si tienes mucha suerte, podrías terminar inspirando a alguien para que coja el Raspberry Pi e intente hacer lo que has hecho. Y luego el ciclo se repetirá.

Y bueno eso ha sido todo. Se ha realizado un gran esfuerzo para que este libro sea tan útil y aplicable como sea posible para las personas que quieren aprender sobre el Raspberry Pi y sobre todas las cosas ridículamente geniales que se pueden hacer con él. Si este libro te ayudó a entender las capacidades del Raspberry Pi y a tener un mejor entendimiento de las ciencias de la computación en general, por favor, ¡deja una reseña en Amazon!

www.ingramcontent.com/pod-product-compliance
Lightning Source LLC
LaVergne TN
LVHW051743050326
832903LV00029B/2686